T0287683

LA TÉCNICA INSTRUMENTAL APLICADA A LA PEDAGOGÍA

Juan Mari Ruiz

LA TÉCNICA INSTRUMENTAL APLICADA A LA PEDAGOGÍA

Una guía para docentes con ejercicios muy prácticos

MA
NON
TROPPO

© 2019, Juan Mari Ruiz Alberca

© 2019, Redbook Ediciones, s. l., Barcelona.

Diseño de cubierta: Regina Richling

Diseño interior: Toni Inglès

ISBN: 978-84-120048-8-5
Depósito legal: B-18.333-2019

Impreso por Sagrafic, Passatge Carsi 6, 08025 Barcelona

Impreso en España - *Printed in Spain*

Para Ainara, Ane y Urtzi.

ÍNDICE

Capítulo 4

Capítulo 5

Capítulo 6

SEGUNDA PARTE

INTRODUCCIÓN

¿A quién va dirigido este libro?

Este trabajo pretende servir de puente entre las especialidades de Interpretación y Pedagogía de los conservatorios y ofrecer a quienes se inician en la enseñanza de un instrumento las herramientas prácticas que les permitan desenvolverse con soltura y eficacia en su nueva profesión. Confío en que también sirva de ayuda a los profesores con más experiencia y a cualquier instrumentista que esté interesado en profundizar en el conocimiento de las particularidades de este oficio y en reflexionar sobre en qué se asemeja y qué es lo que lo diferencia del de la interpretación.

Siendo consciente de que son muy diversos los puntos de partida profesionales y de formación de quienes se dedican a la enseñanza de un instrumento, el libro está pensado principalmente para:

■ Estudiantes de Interpretación e instrumentistas en activo que deseen saber más acerca de cómo adaptar su práctica interpretativa a la enseñanza y así poder comunicar sus habilidades a los alumnos.

■ Estudiantes y profesores de conservatorio de la especialidad de Pedagogía que quieran aplicar de forma eficaz toda su formación teórica en la práctica real de la enseñanza de un instrumento en una escuela de música o en un conservatorio.

Algunas consideraciones generales

El estudio de la música es una parte importante de la formación cultural de muchas personas que a diferentes edades deciden dedicar una parte de su tiempo a aprender un instrumento, ya sea como una actividad extraescolar, como afición o pensando en un posible futuro profesional. En algunos casos son un entorno con una tradición musical previa o las propias familias de los alumnos los que introducen a sus hijos en este mundo. En otros, son ellos mismos los que por propia iniciativa se acercan a él, y también hay personas que a edades más avanzadas deciden ampliar su ámbito de conocimientos y de relaciones sociales estudiando música y formando parte de una agrupación.

Son pocos los pueblos y ciudades de España que no disponen de un centro que atienda esta demanda social, desde el nivel de iniciación que representan las escuelas de música hasta la especialización que representa un conservatorio superior, pasando por los conservatorios profesionales. También existen multitud de bandas de música y de agrupaciones culturales que garantizan la formación musical de sus miembros y enriquecen la vida cultural de su localidad.

El perfil del profesorado de instrumento que imparte clase en estos centros de enseñanza musical es muy variado y depende de muchas circunstancias laborales, formativas, económicas y culturales. Probablemente cada uno de nosotros pertenezca a uno o varios de estos grupos:

- Personas dedicadas en exclusiva a la docencia.
- Profesores que al mismo tiempo son miembros de agrupaciones musicales con las que actúan habitualmente.
- Instrumentistas profesionales que como segunda actividad imparten clase en conservatorios o escuelas.
- Titulados en pedagogía de la música o de los instrumentos.
- Titulados en interpretación.
- Especialistas en un instrumento, o en varios a la vez.
- Profesionales con una sólida formación teórica y otros más autodidactas y guiados por su propia experiencia.
- Personas de carácter innovador y profesores que prefieren ser garantes de una tradición educativa ya consolidada.

Lo que todos estos tipos de profesor tienen en común es el hecho de que en el momento de dar clase tienen que saber sacar el mejor partido posible de las capacidades sus alumnos, utilizando toda su formación y experiencia personal previa y sabiéndola adaptar a cada caso concreto. Poco importa que el profesor sea un gran virtuoso del instrumento si no es capaz de transmitir sus habilidades a los demás, al igual que de poco sirve tener un amplio conocimiento teórico si no se conoce de primera mano su aplicación práctica en el escenario.

Tener una consciencia profunda de las propias habilidades y saber cómo se están haciendo realmente las cosas —tanto en el plano técnico como en el artístico, pedagógico o de organización del estudio— está en la base de todo el proceso de trasmisión del conocimiento. Sin un autoanálisis riguroso que vaya más allá de la mera intuición es difícil poder explicar a otros el funcionamiento del instrumento y cómo se puede conseguir lo que se desea en la interpretación de cada pieza musical. Por otro lado, el simple conocimiento técnico y teórico, por profundo que sea, no es suficiente si no va acompañado por una buena utilización con sentido artístico o, en su caso, didáctico.

Es importante saber adaptar el ritmo y el contenido de cada sesión de clase a las circunstancias concretas de cada alumno. No será igual la estrategia a seguir con un alumno que tenga mucha facilidad y sea muy intuitivo que la que se deba utilizar con otro al que cada aspecto técnico le requiera un esfuerzo mayor. Con el primero será necesario un mayor trabajo de análisis de su forma personal de tocar para que pueda ser consciente de cada gesto y de cómo y porqué consigue realizar las cosas tan fácilmente a fin de que pueda afianzar sus puntos fuertes y mejorar en todos los demás. Con el segundo, en cambio, será preferible un ritmo de estudio diferente que le permita afianzar cada conocimiento y destreza de forma que le sirva de base para las siguientes habilidades que deba conseguir y así seguir progresar.

El propio profesor puede pertenecer como instrumentista a alguno de estos dos perfiles. Saber a cuál de ellos se asemeja más le ayudará a ser más eficaz en su estudio personal y también a planificar mejor sus estrategias didácticas en clase.

Al igual que la forma de enseñar del profesor debe adaptarse según las capacidades o el ritmo de aprendizaje de cada uno de sus alumnos, se hace necesaria una adaptación similar en cada una de las sesiones de clase. Puede que, por el motivo que sea, el alumno se presente un determinado día nervioso, inseguro, cansado, desganado, enfadado o, por el contrario, hipermotivado, confiado, interesado u optimista. Quizá el contenido de la clase no deba ser el que el profesor se había propuesto previamente y sea mejor cambiarlo para sacar el mejor partido a ese tiempo de estudio compartido.

Uno de los consejos más importantes que se pueden dar a alguien que empieza a dar clase es que, además de tener claro qué es lo que quiere enseñar y cómo puede hacerlo, debe permitirse un cierto grado de flexibilidad tanto en el planteamiento como en la realización de cada sesión de clase. Así garantizará que esta va a ser la más adecuada para que cada uno de sus alumnos siga progresando. Una de las ventajas que tiene la atención individualizada en las clases de instrumento, y lo que permite que cada alumno reciba los consejos que más se adecuen a sus objetivos y necesidades en cada momento, es precisamente esta posibilidad de adaptación a cualquier circunstancia.

La experiencia proporciona al profesor la capacidad de intuir de un vistazo cuál va a ser la mejor estrategia para cada día con cada alumno, pero uno de los principales objetivos de este libro es ofrecer a los profesores noveles una serie de pautas para que desde el principio dispongan de las herramientas básicas necesarias que les ayudarán a orientar eficazmente su trabajo. Más adelante las irán complementando con otras diferentes, según les enseñen su quehacer diario y las experiencias que vayan viviendo con sus alumnos.

"El objetivo de todo profesor debe ser que cada día el alumno salga de clase un poco mejor de como ha entrado."

Jacky Morel (oboísta)

Esta frase que me permito citar es de mi profesor. La solía repetir a menudo cuando hablábamos de estos temas y resume muy bien la labor diaria en la escuela de música o en el conservatorio. Ese "salir un poco mejor" lo abarca todo y no se refiere únicamente a tocar mejor, sino a cualquier cosa que afecte al alumno y a su relación —técnica, interpretativa o anímica— con el instrumento y con la música en general.

Es cierto que en ocasiones bastará simplemente con corregir y perfeccionar lo que el alumno trae estudiado de casa y proponer un nuevo material que le permita avanzar, pero en otras habrá que dar una nueva explicación si no se entendió bien la anterior; unos días habrá que ponerse serio y pedir más tiempo de estudio al alumno que flojea, y otros habrá que explicarle una mejor manera de aprovechar el tiempo; otras veces bastará con hacerle ver que el objetivo marcado está cumplido, felicitarle y animarle a disfrutar de los frutos del trabajo realizado.

¿Qué se puede encontrar en estas páginas?

El núcleo principal del libro está dedicado a describir en qué medida es necesaria una adaptación de la práctica del instrumentista —entendido como intérprete— a la enseñanza del propio instrumento cuando está ejerciendo como profesor. Indagaremos en la idea preconcebida de que todo buen instrumentista será siempre necesariamente un buen profesor porque esto puede ser cierto, y sobran ejemplos de grandes virtuosos que al mismo tiempo son magníficos pedagogos, pero es algo que no ocurre en todos los casos y también hay multitud de excelentes intérpretes que no son capaces de transmitir todo su conocimiento más allá de la simple imitación.

En estos primeros capítulos se ofrece una serie de consejos con la intención de orientar el trabajo como docente de cualquier instrumentista en activo y también de quienes comienzan una carrera profesional en la enseñanza, haciendo especial hincapié en estos puntos:

- Conocimiento real de nuestra propia forma de tocar.
- Cómo transmitir nuestras habilidades, conocimientos y experiencias a los estudiantes según su nivel.
- Organización de la enseñanza y del estudio.
- Propuestas de ejercicios y de orientación para las clases.

El último capítulo de esta primera parte del libro está dedicado a un tema muy importante y al que no siempre se dedica la atención que merece: la preparación de la prueba práctica docente para un puesto de trabajo. Esta suele consistir en dar una breve clase a alumnos de distintos niveles y tiene ciertas particularidades que la alejan de la práctica real en clase, pese a que es precisamente en esta prueba en la que se debe mostrar al tribunal o a la comisión de valoración que se dispone de la capacidad de desenvolverse con soltura en este trabajo. Estudiaremos cómo preparar este tipo de pruebas, qué aspectos se deben priorizar y cómo gestionar el tiempo de la misma para poder ofrecer una imagen completa de nuestras virtudes como docentes.

En la segunda parte del libro analizaremos la relación que tienen con su instrumento los profesores que hoy en día imparten clase en los conservatorios y escuelas de música. Veremos si utilizan su instrumento en clase habitualmente, si además de enseñar actúan en público con regularidad y si el hecho de tocar les ayuda como profesores. También comprobaremos si el hecho de enseñar ayuda a los profesores a mejorar en su faceta de intérpretes. Por último, observaremos el nivel de satisfacción de estos profesionales con su trabajo, la consideración social que a su juicio tienen la enseñanza y la interpretación, y otros aspectos similares relacionados con ambas actividades.

Este trabajo se llevó a cabo con una encuesta anónima que arrojó muchos datos interesantes y recogió gran cantidad de comentarios —algunos de los cuales se incluyen a lo largo del libro a modo de citas—

que permitieron conocer la opinión de casi quinientos profesores de instrumento de todas las comunidades autónomas. Todo este material ha ayudado a orientar la redacción de este libro.

Desde estas líneas deseo agradecer a todas las personas que han participado en la encuesta su apoyo y colaboración. Confío en que en este libro encuentren el debido reflejo de sus puntos de vista y la información que muchas de ellas pedían.

PRIMERA PARTE

1

LA INTERPRETACIÓN
Y LA ENSEÑANZA

En el campo profesional de la música se presentan principalmente dos oportunidades de trabajo que a primera vista pueden parecer independientes y en ocasiones excluyentes entre sí: la interpretación y la docencia.

Pero esta independencia es solamente superficial, porque observadas de cerca ambas actividades no dejan de ser cada una de ellas el complemento ideal de la otra. La mayoría de los grandes intérpretes tienen alumnos a su cargo en conservatorios y escuelas superiores o imparten masterclass, mientras que muchos de quienes ejercen la docencia como actividad principal suelen también actuar como intérpretes con mayor o menor regularidad. La clave reside en saber qué es lo específico de cada actividad y lo que esta requiere realmente, y no perderlo de vista mientras se está desempeñando cada uno de estos papeles. Tanto el profesor que está dando un concierto o el concertista que está impartiendo una clase —o, cada uno en su ámbito, el profesor enseñando y el concertista tocando—, siempre deben ofrecer lo mejor de sí mismos en esa actividad específica y en esa situación en concreto.

El problema aparece cuando se pierde la perspectiva y se mantienen los hábitos y costumbres de la actividad principal sin realizar la necesaria adaptación que se está realizando en un momento dado, como sucede cuando el intérprete espera que sus alumnos absorban sus conocimientos simplemente escuchándole tocar o con la mera repetición de sus ejemplos sin una suficiente explicación y análisis, o cuando el profesor tiene la ocasión de dar un concierto y baja su nivel de autoexigencia instrumental con el pretexto de que tocar no es exactamente lo suyo y prefiere permanecer en un discreto segundo plano.

> Ten siempre en cuenta que un músico completo debe saber ser un
> buen intérprete en el concierto y un buen profesor en clase.

Estos dos perfiles profesionales —el de intérprete y el de profesor—
inevitablemente necesitan adaptarse a cada situación para poder sacar
siempre el máximo partido a sus aptitudes y experiencia:

■ El concertista virtuoso debe conocer profundamente su propia
  forma de tocar, desde la técnica básica hasta la preparación psicológica para el concierto, pasando por sus ideas musicales y estilísticas, y encontrar la mejor manera de comunicársela a sus alumnos. No debe confiar en que con la simple imitación estos
  conseguirán siempre los resultados esperados.

■ El profesor debe aprovechar cada oportunidad que se le presente
  de expresarse como intérprete. Probablemente necesitará distan-
  ciarse de lo que en ese momento está estudiando en clase con sus
  alumnos para trabajar de forma específica el repertorio que se le
  pide y así estar a la altura de la posibilidad de actuar que se le
  ofrece. Poco importa que sea en una gran orquesta o en el auditorio de su propia escuela de música, lo importante es que su actuación sea satisfactoria para el público y, sobre todo, para sí mismo.
  Será la referencia más valiosa que pueda ofrecer a sus alumnos.

A diferencia de algunas otras disciplinas musicales, como la musicología o la composición, la enseñanza de un instrumento tiene una finalidad eminentemente práctica, aunque también necesite de una base
teórica y técnica. Es importante que quien la imparte combine la habilidad con su instrumento con una buena capacidad de comunicar su
forma de hacer. Por eso es tan necesario que sepa cuál es realmente su
forma de tocar, entendida esta como la forma en que reinterpreta y utiliza personalmente las grandes ideas técnicas, estilísticas y musicales
comunes a todos los instrumentos y también las específicas del suyo en
particular. Para hacerlo debe ir más allá de las formulaciones teóricas,
por muy consolidadas que estas sean, e investigar de forma autónoma

para sacar sus propias conclusiones, que serán las que siempre orientarán su forma de enseñar.

Este paso adelante solo es posible si se ha realizado un minucioso análisis de lo que ocurre realmente en el momento de tocar, cómo funciona el instrumento, qué gestos son eficaces y cuáles no, qué movimientos nos hacen más ágiles y cuáles nos cargan de tensión, y qué tipos de ejercicios y de formas de trabajar resultan más convenientes según nuestra propia experiencia. De esta forma resultará más fácil explicárselo a otros y realizar las necesarias adaptaciones según las necesidades y características de cada alumno.

Adaptación

Para poder dedicarse con solvencia tanto a la interpretación como a la enseñanza es necesario realizar un importante proceso de adecuación de la forma de trabajar en cada una de estas actividades. Aunque puedan parecer equivalentes, tienen importantes particularidades que diferencian una de la otra, como ocurre también en otros campos. Por ejemplo, un eminente cirujano puede no ser un buen profesor de universidad, o un gran atleta puede que no sea el mejor entrenador. En ambos casos su experiencia personal en el desempeño de la profesión puede no servir de nada si no sabe analizarla y explicársela a los demás.

El instrumentista

Una persona dedicada principalmente a la interpretación, ya sea como solista o dentro de una orquesta, tiene unas exigencias profesionales diferentes a las del profesor, principalmente porque debe mantener constante un alto nivel instrumental durante toda la temporada, con momentos de exigencia aún mayor cuando aparecen los compromisos más importantes. Esto ocasiona un importante desgaste físico y mental que debe ser tenido en cuenta para dosificar el trabajo y que este rinda sus frutos con eficacia en los momentos clave. Esta actividad interpretativa requiere de mucho tiempo dedicado al estudio personal para poder afrontar todos esos retos de forma eficaz.

Pero el instrumentista completo debe ir más allá del estudio de los aspectos que a él le son más necesarios personalmente y dedicar un tiempo a investigar para comprender otras problemáticas que se les pueden presentar a sus posibles alumnos y así poder proponerles soluciones eficaces, que a su vez deberá saber modificar en función de si están dando los resultados apetecidos. No basta con repetir lo que nos enseñaron nuestros profesores ni pedir a los alumnos que nos imiten, es necesario un conocimiento completo de todo lo que interviene en el hecho de tocar, basado en el análisis objetivo y en la propia experimentación, y saber adaptarlo para poder transmitírselo a los demás según su edad, conocimientos y aptitudes. En el momento de dar clase es más importante saber cuál es el funcionamiento real del instrumento y tener una buena capacidad de comunicación que el virtuosismo del profesor.

Cuando un instrumentista tiene que plantearse la resolución de ciertos problemas de sus alumnos que él no ha padecido personalmente está obligado a utilizar el análisis y el razonamiento objetivo para poder encontrar soluciones prácticas que, además, deberá verbalizar. Esto mejora el conocimiento de su instrumento, de su técnica y de los problemas que pueden presentarse en un momento dado, lo que le permitirá hacer frente a cuestiones que le puedan surgir a él mismo en un futuro, o simplemente ir mejorando y haciendo más relajada y eficiente su forma de tocar.

Por otra parte, el tener un contacto constante con la práctica de su instrumento desde los niveles de base ayuda al intérprete a tener una visión global del mismo y a mantener la integridad de su propia técnica. En muchas ocasiones se puede hacer en clase un trabajo técnico con los alumnos que a la vez servirá al profesor como estudio personal. Por ejemplo, una buena sesión de ejercicios de sonido es tan beneficiosa para los unos como para el otro.

Al acabar sus estudios, el día después de su última clase con su último profesor, el alumno se convierte en su propio maestro, y es él mismo quien debe señalarse los objetivos y su propio camino. Es un momento crítico del que puede depender su futuro en la música. Si además de tocar, que probablemente sea para aquello para lo que se ha formado, tiene la oportunidad de empezar a enseñar, toda la experiencia que acumule con sus alumnos enriquecerá su bagaje personal como instrumentista, y todo este saber hacer como profesor se lo podrá aplicar a sí mismo para poder encontrar soluciones constructivas y eficaces siempre que las necesite. De esta forma, en la docencia encontrará una herramienta fundamental para su propio progreso como instrumentista.

"El haber tenido que mantener el ritmo de mis estudiantes ha sido un gran estímulo, y ha evitado, así lo espero, que me quedase anclado en la rutina."

Stephen W. Hawking (1942-2018)

El profesor

El hecho de que la interpretación no sea la principal actividad profesional de quien se dedica a la enseñanza de su instrumento no significa que necesariamente deba dejarlo de lado. Tampoco quiere decir que no pueda desarrollar en paralelo una interesante labor interpretativa en aquellos lugares y oportunidades que se le presenten, aunque en muchas ocasiones la estructura del mundo musical y educativo no favorezca la simultaneidad de las dos actividades. Una de las principales diferencias con respecto a quienes se dedican a la interpretación es que el profesor de escuela de música o de conservatorio no tiene la misma exigencia instrumental dentro de su principal desempeño profesional. Esto conlleva el riesgo de acomodarse e ir perdiendo nivel técnico y artístico si no se marca sus propias metas, más o menos ambiciosas. De no hacerlo, puede provocar un empobrecimiento de su trayectoria en su faceta de instrumentista y hacer que se resienta su motivación porque, como veremos más adelante, la mayoría de los profesores cursó en el conservatorio la especialidad de interpretación, y en muchos casos la enseñanza no era su principal objetivo profesional cuando estaba estudiando. La docencia tiene por sí misma alicientes suficientes como para mantener alta la motivación del profesorado, pero esta se ve favorecida en gran medida si se complementa con una práctica intepretativa más o menos regular.

Con el tiempo y la rutina se puede caer en un paulatino proceso de decadencia a partir del momento en que se obtiene el título en el conservatorio o se consigue el puesto de trabajo —quizá las últimas veces

que se sometió a examen— a causa de no tener un aliciente musical al
margen de las clases. Un profesor dedicado a la enseñanza durante muchos años pero sin un estímulo interpretativo, del nivel que sea, corre el
riesgo de quedarse sin nada que comunicar a sus alumnos más allá de
unos conceptos generales, sabidos y anticuados, alejados en todo caso
de la práctica real.

Es cierto que no siempre se dispone de la posibilidad de dar conciertos, pero si no se presentan oportunidades de tocar, uno mismo puede
crearlas en la medida de sus posibilidades. Puede ser en su propia escuela, en otro centro o en una asociación, lo importante es crear la
ocasión. Esta faceta del profesor como organizador de actuaciones, además de servirle a él mismo como ayuda y motivación, dinamiza la vida
de su centro educativo, demuestra a sus alumnos que se mantiene en
activo —algo que suelen agradecer— y les ofrece un ejemplo de primera mano de cuál es el objetivo final de tantas horas de estudio del instrumento: la actuación en público.

*"La interpretación es fundamental para el desarrollo de las personas que
nos dedicamos a la música. Un músico debe tocar, tiene que poder expresarse. Cuanto más toques, más podrás enseñar. Tocar enriquece la enseñanza."*

Profesor de conservatorio profesional

2

¿SABES CÓMO TOCAS?

Durante los años de conservatorio, sobre todo si estamos estudiando la especialidad de interpretación, nuestra mayor preocupación suele ser adquirir la mayor competencia posible con nuestro instrumento hasta conseguir utilizarlo sin esfuerzo y poder expresarnos musicalmente a través de él. Para lograrlo es fundamental llegar a tener un completo dominio de la técnica instrumental, pero si bien conseguiremos algunos de sus aspectos prácticamente sin esfuerzo desde un principio, como si de una habilidad innata se tratara, otros requerirán de más trabajo y de un estudio detallado hasta que los dominemos y consigamos una técnica equilibrada.

Este dominio del instrumento puede ser suficiente para alguien que se va a dedicar a dar conciertos, pero si de lo que se trata es de transmitir esas habilidades y conocimientos a otros —la labor del profesor—, se hace indispensable tener además un profundo conocimiento de cada mecanismo y de cada gesto implicado en la interpretación, tanto de aquellos que nunca supusieron un problema como de los que necesitaron de un trabajo específico. Es muy poco frecuente que a un intérprete el director le pregunte durante el desempeño de su trabajo en la orquesta cómo consigue tocar determinado pasaje, basta con que lo haga bien, pero si también se dedica a la docencia deberá saber explicar con detalle cómo hace realmente todo aquello que ya tiene automatizado y consigue de forma casi inconsciente. Muchas veces deberá, además, disponer de varias explicaciones alternativas sobre un mismo tema para que las puedan comprender sus alumnos de distintas edades y niveles.

Es muy importante que cada persona dedicada a la enseñanza de su instrumento sea plenamente consciente de cuál es, objetivamente, su forma de tocar y de cómo ha adaptado aquello que otros le enseñaron para poder sacarle el mejor partido. Es un conocimiento que no se debe limitar al apartado técnico, sino que también incluye al interpretativo, porque no se debe olvidar que la técnica no es el fin último del estudio, sino un medio para poder dominar el instrumento y utilizarlo con libertad para transmitir emociones.

> Recuerda que es indispensable disponer de una buena técnica para poder olvidar la técnica mientras estamos tocando.

El hecho de dominar la técnica, y con ella el instrumento en todas sus facetas, no presupone que estemos realmente capacitados para transmitir ese conocimiento a nuestros alumnos. Todos conocemos a grandes virtuosos que desde muy jóvenes han mostrado una especial habilidad y adaptación a su instrumento y consiguen en el escenario una simbiosis perfecta con él, pero en muchas ocasiones puede ocurrir que esas misma personas en el contexto de una masterclass tengan serios problemas para poder explicar cómo lo consiguen realmente —o que ni siquiera lleguen a planteárselo—. No es lo mismo pedir al alumno que toque la obra de cierta manera, con un fraseo, velocidad, sonido y carácter determinados, que explicarle detalladamente de qué forma puede conseguirlo. Es cierto que una parte del trabajo puede hacerse por imitación —de ahí la importancia de que el profesor se mantenga activo y toque los ejemplos en clase— pero no podemos fiar nuestra forma de enseñar únicamente a la repetición.

Este tipo de instrumentista virtuoso puede ser el ideal para dar clase a alumnos de alto nivel —de grado superior o de postgrado—, o para preparar con él las obras más importantes del repertorio aprovechando toda su experiencia artística, pero si no ha realizado el oportuno autoanálisis quizá no sea el más conveniente para trabajar con alumnos aún en formación o con problemas por resolver. No hay que olvidar que, por gran intérprete que sea, es su competencia como profesor la que debe emplear en el momento de dar clase. Si no tiene una consciencia real y no meramente intuitiva acerca de todo lo que implica el hecho de tocar, basada en un profundo estudio de su propia forma de hacerlo, quizá carezca de las herramientas necesarias para proponer a sus alumnos las oportunas mejoras y conseguir que sigan progresando.

Pero, por otro lado, esto no quiere decir que el análisis y la teoría puedan sustituir a la actividad instrumental real del profesor, sino que ambos puntos de vista son complementarios. Al igual que el hecho de enseñar a otras personas proporciona al intérprete un conocimiento aún más profundo acerca de lo que puede ocurrir tocando su instrumento, aunque no le haya pasado nunca a él mismo, la actividad interpretativa del profesor —en la medida que le sea posible según sea su centro de trabajo y otros condicionantes— es una parte importante de su experiencia y la mejor manera de mantenerse cercano a la realidad de la práctica instrumental.

Al valorar la competencia profesional de determinada persona debemos tener cuidado con ciertos prejuicios bastante extendidos, como aquel que da por sentado que quienes se dedican a la docencia lo hacen porque en realidad no saben tocar lo suficientemente bien como para dedicarse a la interpretación, o el que dice que los grandes solistas no pueden ser buenos profesores. Como cualquier otra idea preconcebida, esos prejuicios son falsos en la mayoría de los casos, porque un buen músico puede ser igual de competente en los dos ámbitos, basta con que sepa adecuar sus capacidades al trabajo que está realizando en cada momento.

> *"La práctica es un maestro excepcional."*
> Plinio el Joven (50-120)

Porqué es importante conocer nuestra forma de tocar

El fin último del estudio es dominar el instrumento y automatizar nuestra forma de tocar hasta no necesitar pensar en ella. Buscamos ese momento en que basta con concentrarnos en una idea musical para que todo nuestro cuerpo, y el instrumento con él, se pongan a su servicio y solo nos tengamos que preocupar de hacia dónde queremos llevar la música. Mientras estamos tocando no podemos fijarnos en exceso en los detalles técnicos, por eso los habremos trabajado e interiorizado hasta encontrar la respuesta automática que pretendíamos.

Pero aunque sea muy importante conseguir ese grado de automatización que hace que nuestra forma de tocar sea natural, saber cómo hemos llegado a él y cómo tocamos realmente es imprescindible para poder progresar, adaptarnos a las necesidades del repertorio y corregir cualquier problema que nos pueda surgir. Esto es aún más importante si nos dedicamos a la enseñanza, porque además deberemos saber ayudar a otros, aunque sus necesidades sean muy diferentes a las nuestras.

La mayoría de nosotros hablamos con normalidad y no necesitamos pensar en cómo se pronuncia cada palabra. Tampoco necesitamos concentrarnos en colocar los labios o la lengua de cierta manera para producir un determinado sonido —si lo hiciéramos hablaríamos de forma artificial o empezaríamos a tartamudear—, sino que dejamos que las palabras salgan libremente para expresar lo que queremos decir. Hablar es una facultad que todos aprendimos de forma inconsciente cuando éramos muy pequeños, escuchando a nuestros padres y a las personas de alrededor. Es un proceso natural que en principio no entraña ningún problema particular, pero pensemos un momento en aquellas personas a las que de niños les costaba pronunciar determinada consonante o tenían cualquier otro defecto de dicción: seguramente tuvieron que recurrir a un logopeda para corregir ese problema y poder hablar con normalidad. Seguro que ese profesional no se limitaría a sentarse a su lado y a pedirles educadamente que pronunciasen bien, y que no empezaría a recitar un poema con la esperanza de que repitiesen lo que él decía, sino que supo proponer ejercicios específicos para mejorar su pronunciación.

No nacemos con la misma predisposición natural para tocar un instrumento que para hablar, y aunque haya muchas cosas que se pueden aprender de oído o repitiendo lo que hace el profesor, muchas otras requieren de un análisis por su parte igual de detallado que el que necesita el logopeda del ejemplo anterior para disponer de explicaciones y ejercicios específicos que muestren cómo se hace.

La mayoría también podemos andar y correr con normalidad, y lo hacemos de forma natural sin necesidad de pensar en ello, pero si algún día tenemos algún percance quizá necesitemos acudir a sesiones de rehabilitación para volver a caminar normalmente. Una vez recuperados, volveremos a automatizar el movimiento y a andar sin pensar en cómo se mueve cada articulación y cada músculo —si lo pensáramos nos tropezaríamos—, pero solo lo conseguiremos después de haber hecho ese trabajo previo de reeducación. Pero si, por el contrario, seguimos andando como siempre a pesar de la lesión y sin prestarle la debida atención seguramente no conseguiremos más que agravarla.

Lo mismo ocurriría si siguiéramos siempre con la misma rutina de estudio del instrumento independientemente de lo que nos esté ocurriendo. Quizá en un determinado momento el tipo de ejercicios que estamos haciendo o el tiempo que les dedicamos no sean los necesarios y el trabajo se vuelva contraproducente. Pero esto solo lo podremos saber si conocemos nuestra forma de tocar y la finalidad real de cada ejercicio y técnica de estudio.

No olvides que para poder progresar o ayudar a otros a hacerlo debes saber cuál es el funcionamiento real de tu instrumento, de qué forma lo dominas tú personalmente y cuál es el objetivo de cada ejercicio que propones.

De lo contrario no podrás planificar una buena estratega de estudio y de resolución de problemas.

Las imágenes mentales y lo que ocurre realmente

Muchas veces, sobre todo en el momento del concierto, donde necesitamos una forma rápida de acceder a nuestros recursos, utilizamos imágenes mentales e ideas más o menos imaginativas que nos ayudan a controlar el sonido y a enriquecer nuestra interpretación. Si bien estas imágenes son muy útiles y una forma rápida de activar el mecanismo concreto que se necesita para conseguir determinado efecto, es indispensable saber qué es lo que ocurre realmente en el instrumento para provocar ese efecto. Mostraremos esta relación entre las imágenes mentales y la realidad con unos cuantos ejemplos:

La pared de enfrente

Para asegurar las notas agudas en un instrumento de viento es indispensable aumentar la velocidad del aire que llega a la boquilla —no su cantidad, porque entonces estaríamos tocando más fuerte—. Si no enviamos el aire con la velocidad suficiente la afinación se quedará baja y el sonido descentrado. Un truco muy habitual y efectivo para conseguir la velocidad adecuada consiste en pensar en dirigir el chorro de aire a un punto de la pared de enfrente un poco más elevado según la frase va ascendiendo.

Por ejemplo, podríamos pensar en tocar hacia el zócalo en el registro grave, a media altura en el medio y hacia la moldura del techo en el registro agudo. Este truco realmente funciona —podéis comprobarlo si tocáis un instrumento de viento. También lo podéis probar solo con la embocadura o con la caña; veréis cómo el sonido sube más aún—, y se consigue que el sonido salga con dirección y calidad en esas tres tesituras pero, si lo pensamos un poco, el aire no llega realmente a la pared de enfrente, y ni el instrumento ni la boquilla saben en qué estamos pensando. Como parece evidente, el resultado no depende de nuestro sentimiento ni de una idea más o menos abstracta, sino de un hecho físico real, que es el que debemos descubrir para poder dominarlo.

Si probamos a soplar en las tres direcciones antes mencionadas —haced la prueba también los de los demás instrumentos— veremos que movemos ligeramente la mandíbula para dirigir el aire hacia arriba y hacia abajo. Esto es aproximadamente lo que ocurre al tocar la flauta, pero los demás instrumentos de viento apoyan su embocadura en la boquilla o en la caña y no pueden realizar este movimiento, o si lo hacen es mucho menos acusado. Entonces, ¿qué otra cosa pueden hacer para dar más velocidad al aire en el registro agudo?

Probad a repetir el ejercicio, pero esta vez sin mover la mandíbula. Comprobaréis que la parte trasera de la lengua se puede mover hacia arriba y hacia abajo, lo que ayuda a dirigir el aire hacia donde nos hemos propuesto y así lo comprime y le da la velocidad que necesitamos en cada caso.

Hemos llegado al efecto deseado —aumentar la velocidad del aire— mediante un mecanismo concreto —subir la parte trasera de la lengua— provocado por una imagen mental —dirigir el aire hacia un punto más elevado de la pared de enfrente—.

Este es solo un ejemplo, pero con él acabamos de ver qué es lo que ocurre realmente cuando cambiamos de tesitura en un instrumento de viento. Como es obvio, en el contexto de una actuación resultaría demasiado farragoso pararse a pensar qué movimientos están haciendo la mandíbula y la lengua, de ahí el interés y la importancia de disponer de esta imagen mental, que sirve de recurso inmediato para darnos seguridad. Pero si en clase nos limitamos a proponer esta imagen sin describir qué es lo que ocurre realmente, nuestra capacidad para encontrar soluciones a los problemas que pueda presentar cada uno de nuestros alumnos se verá seriamente reducida.

La pantalla grande

Uno de los elementos más importantes que debe tener en cuenta cualquier instrumentista, sobre todo cuando está preparando una actuación en público es si su sonido tiene la proyección suficiente como para llegar hasta el fondo del auditorio sin saturar a quienes están sentados en las primeras filas.

Cuando contemplamos una película en el cine apreciamos todos sus detalles de decorado, ambientación y vestuario —además de la interpretación de los actores— gracias al tamaño de la pantalla y al sistema de sonido de la sala. Aunque pueda resultar más cómodo y se pueda seguir sin problemas la historia que narra la cinta, estos detalles se pierden en gran medida en cualquier otro dispositivo.

Si aplicamos este mismo principio a un concierto nos daremos cuenta de que todos los detalles de matiz, intensidad expresiva o articulación tendrán que estar igualmente amplificados para poder ser reproducidos en esa *pantalla grande*. No se trata de tocar más fuerte, sino de conseguir que el sonido llene todo el espacio independientemente de su volumen. Algo similar ocurre cuando un actor de teatro necesita que las palabras que su personaje susurra en un momento dado sean escuchadas con claridad al otro extremo de la sala. Para conseguirlo necesitará pronunciar las palabras con mucha claridad y mantener la proyección de su voz, aunque hable suavemente.

La imagen de la gran pantalla de cine —que, aunque sea en la dirección opuesta, se asemeja a la perspectiva que tiene el intérprete desde el escenario cuando mira hacia el patio de butacas— favorece que el sonido sea más amplio y tenga más proyección, y también ayuda a que la articulación sea más clara. Esto se consigue al provocar que el movimiento del arco y del brazo derecho de los instrumentistas de cuerda sea más amplio y que los de viento mantengan la garganta y la cavidad bucal más abiertas, lo que en ambos casos redunda en una mejor expresión de los armónicos del instrumento.

Aunque estos dos gestos se deben trabajar de una forma más técnica y analítica a fin de controlarlos de forma consciente, la imagen mental de la pantalla grande nos ayuda a obtener en el concierto ese efecto de forma inmediata y automática. Si se practica en clase de forma regular el alumno se irá familiarizando con la experiencia del concierto y con la forma de tocar que este requiere, sin limitarse a las condiciones acústicas del aula.

"Sentir" el vibrato

Volviendo a los instrumentos de viento, otro ejemplo que demuestra que no siempre se tiene una consciencia clara de qué es lo que está pasando realmente es el vibrato. Muchas veces hemos escuchado que si mantenemos la respiración bien apoyada en el diafragma y la garganta bien abierta el vibrato acabará apareciendo por sí solo. Al parecer, basta con *"sentirlo"*.

El problema es que también en lo que respecta a este asunto el instrumento sigue siendo un pedazo de material inerte que no depende de nuestro sentimiento ni de nuestras intenciones, sino de cómo le mandamos el aire que lo hace sonar.

Es cierto que llegado un cierto momento el vibrato se convierte en algo automático e inconsciente que, debidamente empleado, enriquece las capacidades expresivas de nuestro sonido, pero precisamente porque llega a ser inconsciente necesita de un cierto análisis y reflexión si queremos saber cómo lo hacemos realmente y así poder dosificar su uso según el fraseo y el estilo de la pieza que estamos tocando. De lo contrario se convertirá en algo monótono que restará coherencia a nuestra interpretación. Un buen intérprete debería poder adaptar la velocidad y la amplitud de su vibrato al carácter de la obra o del pasaje, o eliminarlo completamente si es lo que considera que aquella requiere. Como es obvio, este control resulta imposible si no se conoce el mecanismo.

La ventaja que tienen los instrumentistas de cuerda es que se puede ver fácilmente cómo consiguen el vibrato al mover la muñeca de la mano izquierda hacia arriba y hacia abajo, con lo que acortan y alargan la longitud de la cuerda y producen una oscilación de la altura del sonido. En los instrumentos de viento no es tan fácil darse cuenta y describir cuál es el movimiento que se necesita para hacer el vibrato, puesto que todo ocurre en el interior del instrumentista y, por tanto, no se puede ver. Tampoco se suele tener en cuenta si solo existe una forma de hacerlo o si se puede conseguir de varias maneras. Ni siquiera se suele tener clara cuál es la naturaleza de la oscilación que se produce en el sonido —si es de altura o de intensidad, o una mezcla de ambas—.

Excepto el vibrato de labio, que es fácil de ver pero muy poco recomendable porque puede distorsionar mucho el sonido, las otras formas de conseguir el vibrato no se pueden ver desde afuera, como acabamos de explicar, pero esto no quiere decir que no se pueda comprobar en pocos minutos cómo lo estamos haciendo.

EJERCICIO

1.- Toca una nota larga sin vibrato en una tesitura que te resulte cómoda. Cuida de que el sonido se mantenga perfectamente estable.

2.- Repite esa misma nota con el mismo volumen y estabilidad, pero esta vez con vibrato. Toca de la forma que te resulte más natural, sin pensar demasiado en ello.

3.- Vuelve a tocar esa nota, pero ahora ralentizando poco a poco el vibrato hasta que no se produzcan más de una o dos oscilaciones por segundo (puede que esta parte del ejercicio te cueste un poco si no estás acostumbrado a experimentar con tu instrumento).

4.- Ahora viene la parte más importante del ejercicio: observa con cuidado qué es lo que ocurre, tanto en el sonido como en tu cuerpo, cuando estás haciendo esas oscilaciones tan lentas.

- ¿Cómo describirías el cambio en el sonido?
- ¿Qué partes de tu cuerpo estás moviendo?

Aunque no lo notes al principio, seguro que estarás moviendo algo, de lo contrario el sonido no cambiaría —recuerda que el instrumento no sabe nada de tus intenciones, solo amplifica lo que le envías—. Probablemente habrás comprobado que se produce uno de estos dos efectos:

- La oscilación se produce al subir y bajar ligeramente la afinación de forma regular.
- La oscilación se produce al cambiar la intensidad del sonido, como al hacer una serie de acentos.

Ahora que ya sabes cuál es la naturaleza de tu vibrato puedes pararte a pensar en qué mecanismo concreto estás utilizando:

- Si tu vibrato es del primer tipo —como el de los instrumentos de cuerda— estás utilizando variaciones en la velocidad del aire producidas al subir y bajar la parte trasera de la lengua en un movimiento similar al ejercicio de "la pared de enfrente". Al producirse dentro de la garganta y ser allí donde se lo percibe claramente se le suele llamar *vibrato de garganta*, aunque como lo que en realidad se mueve es la lengua, lo más adecuado sería llamarlo *vibrato de lengua*.
- Si, por el contrario, tu vibrato consiste en una serie de suaves golpes en el sonido lo que estás haciendo es cambiar tu apoyo sobre el diafragma, por eso se le llama *vibrato de diafragma*. Es el mismo mecanismo que utilizas cuando acentúas las notas, aunque con mucha menor intensidad.

Una vez que sabes qué tipo de vibrato utilizas más cómodamente y de qué forma lo consigues, puedes pensar tu propia forma de estudiarlo para poder controlarlo mejor y utilizarlo allí donde lo necesites de la forma más adecuada. También, al conocer su mecanismo, podrás corregirlo si alguna vez tienes algún problema con él y tendrás más facilidad a la hora de enseñárselo a tus alumnos.

"Este ejemplo acerca del vibrato describe mi experiencia personal y es una de las cosas que más claramente me hizo comprender la diferencia entre *tocar* el oboe y *enseñar* a tocarlo. Al igual que muchos de los participantes en la encuesta que comentaremos más adelante, debo reconocer que así como sabía tocar el oboe, el día en que empecé a dar clase carecía de una buena formación práctica sobre la enseñanza, formación que he ido adquiriendo con los años y la experiencia con mis alumnos. En el capítulo anterior hemos comentado que en ocasiones lo que más le cuesta a un profesor trabajar con sus alumnos es aquello en lo que era especialmente hábil en su época de estudiante, y eso es precisamente lo que me ocurrió. Así como tuve que trabajar para mí mismo otros aspectos del instrumento y ya tenía un buen repertorio de explicaciones y ejercicios para ellos que podía utilizar con mis alumnos cuando lo necesitaba,, el vibrato se me había dado bien desde el principio y lo utilizaba sin esfuerzo con buenos resultados, pero siempre de forma inconsciente. El problema se me presentó cuando empecé a dar clase y me daba cuenta de que eso que a mí me resultaba tan evidente y fácil de hacer no lo era para muchos de mis alumnos. Tampoco me funcionaba pedirles que "sintieran" el vibrato ni que me copiaran y lo hicieran de la misma manera que yo, precisamente porque yo mismo aún no sabía cuál era mi manera.

Fue entonces cuando comprobé que no bastaba con repetir lo que me habían enseñado hasta entonces, porque no era suficiente para poder atender a mis alumnos y conseguir que hicieran el vibrato aquellos a los que no les salía de forma natural. Decidí que tenía que encontrar una solución por mí mismo y que el primer paso sería comprender qué estaba haciendo, al igual que antes lo había hecho con aquellos otros aspectos que sí habían necesitado de más atención por mi parte porque me habían supuesto una dificultad importante cuando estaba estudiando.

Lo curioso es que al analizar mi forma de vibrar me di cuenta de que no lo hacía como me habían dicho todos mis profesores —desde el diafragma, la opción b—, sino moviendo la parte trasera de la lengua dentro de la garganta —la opción a—, como hacían muchos otros oboístas con buenos resultados. Además, descubrí que de esta manera conseguía el mismo efecto expresivo con un esfuerzo menor. Si me hubiera limitado a seguir tocando a mi manera y a repetir las explicaciones estandarizadas que había oído no habría sido realmente consciente de mi forma de tocar y, peor aún, sin darme cuenta habría estado explicando una forma de tocar contraria a lo que hacía realmente.

El hecho de conocer cuál era mi verdadera técnica de vibrato me permitió perfeccionarla y encontrar la forma de enseñársela a mis alumnos. También estudié por separado el vibrato de diafragma para poder trabajarlo con aquellos alumnos a los que les resulta más conveniente, porque no creo que sea buena idea imponer una única forma de hacer si la otra persona consigue un efecto similar de una forma diferente, que a ella le resulta más cómoda. Partiendo, como en el caso anterior, de un minucioso análisis de cómo se hace este tipo de vibrato pude completar mi análisis sobre este recurso expresivo.

3

CÓMO PODEMOS TRANSMITIR NUESTRAS HABILIDADES

El capítulo anterior estaba dedicado a animar a quienes se dedican a la enseñanza a profundizar en el conocimiento de su instrumento, pero saber cómo funciona es solamente el primer paso. Siendo el propósito de este libro aproximar la práctica instrumental a su aplicación a la pedagogía y servir de puente entre la formación teórica y la práctica real en clase, debemos ir acercando estas dos vertientes de la profesión de músico. El siguiente paso, íntimamente relacionado con el anterior, será reflexionar sobre cuál puede ser la mejor manera de transmitir a otros cada uno de nuestros conocimientos.

Como hemos visto, lo que principalmente diferencia el trabajo del profesor del intérprete es que no basta con que demuestre sus propias habilidades con el instrumento —incluso estas pueden llegar a quedar en un segundo plano—, sino que debe saber transmitírselas a los demás y despertar en ellos el interés por avanzar por sí mismos de forma autónoma.

La enseñanza consiste en mucho más que mostrar a otros aquello que uno es capaz de hacer. Si se limitara a esto se convertiría en un proceso cerrado en sí mismo en el que cualquier progreso se vería limitado por el simple hecho de que toda reproducción de algo supone una pérdida de información, lo que supone que la copia siempre sea algo más pobre que el original. El objetivo de cualquiera que se dedique a la enseñanza no debe ser, paradójicamente, enseñar, sino conseguir que las personas aprendan y dominen de forma autónoma aquello que les interesa y en lo que están invirtiendo su tiempo y su esfuerzo. Este proceso de aprendi-

zaje se prolonga mucho más allá del tiempo que el alumno mantiene
relación con su profesor, que a su vez seguirá aprendiendo de su propia
experiencia y de la de los demás durante toda su vida.

> No olvides que el trabajo del profesor no consiste en enseñar, sino en
> hacer que sus alumnos aprendan.

Esta autonomía en la enseñanza y el aprendizaje —aunque contando
siempre que sea posible con los consejos de los profesores o de los colegas— es aún más importante en el caso de un instrumento, en el que
influyen múltiples factores que son diferentes en cada persona, como la
edad, complexión, morfología o aptitudes innatas. Para conseguir que
cada uno saque el mejor partido de sus propias capacidades el profesor
debe facilitar, partiendo de su experiencia personal, las herramientas
necesarias para que sepan progresar introduciendo las oportunas adaptaciones que harán que el estudio resulte eficaz para sí mismos.

En el proceso de comunicación se hace indispensable por parte del
profesor un esfuerzo de adaptación a cada uno de sus alumnos, porque
probablemente tendrán experiencias y necesidades distintas entre sí,
que seguramente serán diferentes de las del profesor. Este deberá decidir en cada momento cuál es mejor medio para lograr con todos ellos
los mejores resultados.

Puede resultar tentador seguir sistemáticamente una metodología
estandarizada, porque evita el esfuerzo de reflexionar sobre la utilidad
de cada elemento incluido en ella, pero no se le sacará todo el partido si
no se saben hacer los cambios que cada caso requiera. Por otra parte,
suele ocurrir que algo que le funcionó muy bien al profesor en sus días
de estudiante o les funciona a otros no sea lo más adecuado para determinado alumno, de ahí la importancia de saber la finalidad de cada
ejercicio y su efecto práctico sobre el dominio del instrumento. Si se
conocen ambos se podrán hacer los cambios con seguridad y criterio, o
se podrán idear otros ejercicios nuevos que puedan ayudar a obtener
más fácilmente los efectos deseados con cada alumno.

Un espíritu de iniciativa por parte del profesor, que le permita experimentar con criterio ejercicios diferentes basados en su propia expe-

riencia combinada con la tradición, será la forma más eficaz de transmitir ese conocimiento a sus alumnos, a la vez que estimula la autonomía de estos para encontrar sus propias soluciones en el futuro. Quizá alguno de esos experimentos no resulte efectivo y deba pensar en otra forma de trabajar, pero esto no le debe desanimar en su búsqueda: puede que sirva para otra persona o, si no, al menos habrá aprendido cómo no funciona.

Un buen profesor también puede ayudar con éxito a alumnos con unas habilidades innatas superiores a las suyas, pero para conseguirlo tiene que —además de ser consciente de su forma de tocar, como explicamos en el capítulo anterior— saber explicarse de forma que el alumno pueda seguir su propio camino. No se debe olvidar que el fin último del trabajo del profesor —o del intérprete cuando está trabajando como profesor— no es tocar él mismo y exhibir sus virtudes ante un auditorio, sino conseguir que lo hagan sus alumnos sacando el mayor partido posible a sus cualidades. Quizá el camino lleve al alumno más lejos que al profesor o puede que no, o que simplemente opte por una vía diferente. En todo caso el profesor debe saber comunicar sus experiencias y su saber hacer para que el alumno pueda tomar con criterio sus propias decisiones.

> *"La práctica instrumental es imprescindible para desarrollar una buena enseñanza, pero no es necesario ser un intérprete extraordinario para ser un magnífico profesor."*
>
> Profesora de viento de conservatorio profesional

La labor del profesor

El profesor de instrumento tiene una responsabilidad muy particular que le diferencia del resto de los profesores de música: es el profesor de la asignatura principal de sus alumnos en el conservatorio o escuela de música, y en muchos casos la razón por la que sus alumnos han escogido ese centro en particular. Además, es una asignatura que normalmente se imparte de forma individual, lo que permite ofrecer una atención personalizada.

Por otra parte, el profesor representa para sus alumnos una referencia y un apoyo. Él —o ella— probablemente tendrá muchos otros alumnos, pero para cada uno de ellos es su único profesor y una figura en la que confían. Esto tiene serias implicaciones, porque una vez que sale del aula el alumno se queda solo el resto de la semana estudiando según las explicaciones que ha recibido de su profesor. Si estas no han sido claras o los comentarios no han sido afortunados el estudio podría ser más contraproducente que efectivo. Estudiando toda la semana de una forma inadecuada porque no ha comprendido las explicaciones o el modo de hacer los ejercicios el alumno estará perdiendo el tiempo, en el mejor de los casos, y en el peor agravando los problemas que pudiera tener. Si además ha recibido un comentario demasiado elogioso que puede provocar un exceso de confianza, o uno demasiado negativo que le puede desanimar, esto interferirá emocionalmente de forma negativa en su estudio. Por eso es muy importante saber comunicarse con claridad y en el tono adecuado. Incluso cuando hay que poner orden y amonestar a un alumno poco estudioso, si lo que se pretende es precisamente que la semana siguiente estudie más tiempo. En todos los casos, el mensaje que recibe el alumno debe ser claro.

> No olvides que, aunque tengas muchos alumnos a tu cargo, tú eres el único profesor de cada uno de ellos.

Este efecto se agrava cuando el espacio entre dos clases es mayor, por ejemplo, en las últimas clases antes de las vacaciones o en un cursillo o masterclass. Un profesor puede expresar su opinión con la mejor voluntad a un alumno al que quizá no volverá a ver hasta pasados unos meses, o quizá nunca más. Si la explicación o la opinión expresada no se han entendido su efecto a largo plazo puede ser perjudicial, máxime cuando las personas que imparten esas masterclass suelen ser de reconocido prestigio y una autoridad dentro del mundo de la música.

El factor psicológico

La labor del profesor no se limita únicamente a transmitir una serie de conocimientos concretos, ya sean técnicos o interpretativos, sino que suele abarcar otros ámbitos de la vida del alumno, sobre todo el emocional. En ocasiones el profesor tiene que ejercer a modo de psicólogo en aquellas cuestiones que pueden afectar a la carrera musical del alumno. Muchas veces, más que seguir indefinidamente por el camino inicialmente trazado es mejor sentarse a hablar hasta descubrir qué es lo que le ocurre para plantear un plan de trabajo más psicológico que técnico.

En este sentido, el profesor debe estar atento a posibles señales de que algo no va del todo bien en el estado de ánimo del alumno:

- Poco realismo. Falsas ilusiones.
- Falta de motivación. Desánimo.
- Exceso de confianza.
- Baja autoestima.
- Escaso o excesivo nivel de autoexigencia.

Realismo

En ocasiones un alumno que se inicia con el instrumento lo hace con unas expectativas que en poco tiempo se constata que no son realistas. Quizá piense que por estudiar con un gran solista va a conseguir emular a su maestro, o que va a seguir progresando de forma indefinida durante toda su vida. Si el profesor detecta que las aspiraciones del alumno van demasiado por delante de sus posibilidades reales, o que se marca unas metas demasiado ambiciosas debe hacer un esfuerzo para hacerle consciente de la realidad, y conseguir que encuentre la motivación en otros objetivos más adecuados a sus capacidades.

Motivación

Una inadecuada elección de los objetivos o de la manera de intentar alcanzarlos puede hacer que se resienta la motivación del alumno. El hecho de que haya decidido estudiar un instrumento ya indica que parte de inicio con una motivación clara —a no ser que se haya tratado exclusivamente de una elección de sus padres. De ser así el profesor tendrá un trabajo extra intentando mostrarle los alicientes de tocar—, pero esta ilusión del principiante no basta para mantener su interés durante mucho tiempo. Si el alumno no percibe que va progresando es fácil que pierda las ganas de estudiar, por eso es imprescindible una buena elección del material didáctico —ejercicios, estudios y obras— que se va a utilizar en clase, prestando atención a que sea adecuado al nivel y necesidades del alumno en cada momento:

- Si el material propuesto es demasiado complicado el alumno percibirá que el aprendizaje del instrumento es muy difícil y puede desanimarse.

- Si es demasiado fácil pensará que no está avanzando y perderá la ilusión. Esto suele ocurrir con alumnos intelectualmente más maduros o con adultos que se inician con el instrumento si se les proponen piezas demasiado simples.

El nivel de dificultad debe ser siempre progresivo, no solo entre los diferentes cursos, sino clase a clase, de forma que cada nueva habilidad esté bien fundamentada en las anteriores sin representar un salto demasiado importante. También es importante, sobre todo a determinadas edades, tener en cuenta el gusto del alumno, porque existe mucho repertorio diferente y de estilos variados para trabajar cada tema que se desee. Esto no significa que haya que utilizar siempre las piezas preferidas de los alumnos sino que en este aspecto, como en tantos otros de la enseñanza, es necesario un cierto margen de flexibilidad.

Exceso de confianza

El exceso de confianza puede estar relacionado con unas expectativas iniciales no del todo realistas y puede verse propiciado por un entorno demasiado complaciente, pero también puede derivar de una inadecuada percepción de las propias habilidades y de su nivel instrumental real. Dentro de la formación que el alumno debe recibir está el tener los recursos para saber valorar de una forma lo más objetiva posible su forma de tocar.

En otras ocasiones ocurre que personas con unas buenas facultades para la música y el instrumento pueden caer en el error de pensar que siempre podrán tocar y seguir progresando sin esfuerzo y sin estudiar. Esto quizá les resulte válido al principio pero a la larga, a medida que las exigencias sean mayores, seguro que surgirán problemas debidos a una falta de regularidad en el estudio o a una percepción demasiado optimista de su dominio del instrumento.

> *"La mayor sabiduría que existe es conocerse a uno mismo."*
> Galileo Galilei (1564-1642)

Baja autoestima

El caso contrario son aquellas personas a menudo acostumbradas a compararse con los demás y siempre de forma desfavorable para ellas mismas. Suelen apreciar con más facilidad las virtudes de los otros y sus propios defectos, creándose así una imagen tan distorsionada de la realidad como la de los anteriores, más perjudicial aún en este caso porque la imagen que tienen de ellas mismas es siempre negativa. Esta percepción como instrumentistas puede, además, transmitirse demasiado fácilmente a la consideración que tienen de sí mismas como personas.

El profesor debe hacer un esfuerzo para que el alumno consiga una visión lo más objetiva posible de sus virtudes y sus defectos sin enmascarar la realidad, y de las virtudes y los defectos de los demás si insiste en la comparación negativa con ellos.

EJERCICIO

Este ejercicio tiene como finalidad obtener una visión lo más objetiva posible acerca de cuál es nuestro nivel en un determinado momento y cuáles son nuestros puntos fuertes y nuestras área de mejora. Aunque en este caso lo utilicemos aplicado específicamente a la práctica del instrumento, podríamos hacerlo con cualquier otra actividad sobre la que sospechemos que no estamos teniendo una idea acertada de la realidad.

Haremos el ejercicio referido a una actuación concreta, pero también se puede aplicar a una sesión de estudio, a una determinada obra o a un período de tiempo concreto, según sea lo que queramos conocer.

Para que sea realmente eficaz es importante que se haga a solas y no se muestren las respuestas a otros, para que esas respuestas reflejen lo que se piensa realmente. Si, por el contrario, se piensa que se van a tener que enseñar a otros es probable caer en la tentación de falsear algunas de las respuestas, con lo que el ejercicio perdería todo su valor.

LAS TRES LISTAS

1) Después de una actuación, dejando pasar un poco de tiempo para relajar los ánimos pero no tanto como para que se nos olviden las sensaciones que nos ha dejado, tomamos una hoja de papel y escribimos —es importante escribirlo y no únicamente *imaginar* que lo escribimos— una primera impresión general sobre la misma, bastan un par de líneas. Si lo deseamos, podemos incluir una calificación.

2) A continuación escribimos una lista de todo aquello que sí nos ha gustado de nuestra actuación. Puede ser todo lo exhaustiva que queramos e incluir en ella cualquier cosa que nos parezca relevante, desde lo más general hasta los detalles más concretos. Intentaremos ser lo más objetivos posible y reflejar lo que realmente pensamos. No debemos temer pasar por presuntuosos ni pecar de falsa modestia, porque nadie va a ver esta lista. Por eso es importante hacerla en privado.

3) El siguiente paso es escribir otra lista como la anterior con todo aquello que no nos ha gustado. En este caso tampoco nadie nos a corregir ni se va a llevar una mala impresión de nosotros porque esta lista es solo para nuestro uso personal, así que podemos poner en ella lo que pensamos realmente, sin autocensura.

4) Leemos las dos listas y la impresión inicial que hemos escrito y escribimos una calificación, numérica o de cualquier otro tipo. Si ya pusimos una calificación al principio del ejercicio, anotaremos aparte esta segunda.

5) Ahora viene lo más interesante del ejercicio, y lo que nos va a permitir que nuestra valoración sea algo más objetiva. Tomamos la segunda lista —la de las cosas que no nos gustaron— y la releemos punto por punto, pero esta vez volveremos a escribir cada uno de ellos a una tercera lista en la que eliminaremos todas las generalizaciones en las que hayamos podido incurrir y procuraremos acotar cada comentario a un ámbito o circunstancia concretos. Intentaremos ser más específicos, pero siempre sin faltar a la verdad.

Por ejemplo, si hemos escrito "estaba muy desafinado", podemos cambiarlo por "estaba alto en el registro agudo". Con esta simple corrección concretamos el problema en un punto determinado —las notas agudas— a la vez que vamos esbozando la búsqueda de la solución —bajar la afinación, para lo que podremos pensar en un ejercicio específico—. Si antes hemos escrito "no podía controlar el instrumento", podemos concretar más diciendo, por ejemplo, "al final de la obra estaba cansado y ya no controlaba como al principio", o "al principio estaba nervioso y no controlaba muy bien, pero después me he encontrado mejor". Como en el ejemplo anterior, al detallar dónde hemos encontrado realmente la dificultad y concretar las posibles causas podemos buscar una solución específica, a la vez que evitamos generalizaciones innecesarias —e incorrectas— que pueden afectar a nuestra autoestima de forma negativa.

6) El último paso consiste en releer la primera lista —la de las cosas que no nos gustaron al principio— y a continuación esta tercera —con los problemas que hemos detectado debidamente concretados y objetivados—, y pensar en una nueva calificación. En la mayoría de los casos observaremos que esta calificación es superior a la primera que nos pusimos, y además más objetiva.

Este ejercicio no pretende enmascarar los problemas, sino saber dónde se encuentran realmente y ser más conscientes de su importancia real. También nos ayuda a saber cuáles son nuestros puntos fuertes y aquellos en los que podemos mejorar. Es una buena herramienta para conocernos a nosotros mismos.

El nivel de exigencia

El grado de exigencia que cada uno tiene consigo mismo —o con sus alumnos en el caso de un profesor— debe ser el adecuado para favorecer el progreso que se desea obtener. Tan perjudicial es dejarse llevar por la tentación del mínimo esfuerzo como ir aumentando la exigencia.

En muchas ocasiones van relacionados un nivel bajo de exigencia con una motivación pobre o con una capacidad limitada, y por otra parte a veces se observa una autoexigencia excesiva en aquellos alumnos muy conscientes e implicados que esperan un progreso continuo a lo largo de toda su vida.

Para poder ajustar el nivel de exigencia es importante tener en cuenta que el progreso con el instrumento en realidad sigue un forma de parábola como la descrita en el siguiente gráfico por la línea negra central. En la imagen está representada la evolución de un instrumentista a lo largo del tiempo, desde que sus inicios hasta llegar a su nivel óptimo. Como se ve, el avance es mayor en un principio y se va ralentizando a medida que el tiempo pasa, hasta llegar a estabilizarse.

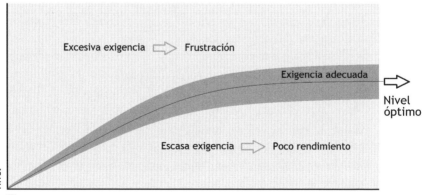

El nivel adecuado de exigencia en cada momento está representado en el gráfico por la parábola gris oscuro, que se abre en abanico mostrando el estrecho margen en el que se debe mover para ayudar a llegar al nivel óptimo.

■ El espacio de la franja gris oscuro por debajo de la línea negra muestra el margen de tolerancia que se puede permitir para aliviar la tensión del aprendizaje pero, al mismo tiempo, sin poner en peligro la progresión. Una exigencia por debajo de la franja oscura implicará un menor aprovechamiento de las propias aptitudes.

■ El espacio por encima de la línea, aunque dentro del margen, permite incrementar la exigencia dentro de unos límites aceptables. Representa un nivel de exigencia que sirve de estímulo y de motivación, pero sobrepasar sistemáticamente el límite de la franja oscura puede llevar a la frustración, al desánimo y, como en el caso anterior, a no sacar todo el partido a las nuestras capacidades.

Como se puede ver, al principio del proceso de aprendizaje los márgenes son más estrechos, pero a medida que se va estabilizando la forma de tocar es posible planificar el aprendizaje con una flexibilidad algo mayor, porque tanto el alumno como el profesor van conociendo cuál es la forma más efectiva de trabajar de cada uno.

> Controla tu nivel de exigencia, tanto para tus alumnos como para ti, y verifica que está siendo efectivo y no un obstáculo para progresar.

La transmisión del conocimiento

La transmisión del conocimiento no consiste solamente en una acumulación de datos o de habilidades que debamos enseñar, sino que debemos considerarla como una herramienta que sirva para estimular la inquietud de los estudiantes y sentar en ellos unas bases que les permitan seguir evolucionando y abrir nuevos caminos más allá de los recorridos por nosotros. No se trata de limitarse a enseñar a tocar de determinada manera o a conseguir ciertas destrezas, sino de explicar *cómo* se consiguen. Así tendrán vía libre para progresar por su cuenta y volver a repetir el ciclo con la siguiente generación de estudiantes.

Si el profesor se limitara a repetir unas explicaciones convencionales y a hacer tocar a sus alumnos una serie de ejercicios, en lugar de describir claramente con sus propias palabras cómo lo hace él mismo, estará perdiendo una formidable oportunidad de comunicar toda su experiencia personal a sus estudiantes. Tal y como hemos descrito en el capítulo anterior, el profesor debe partir del conocimiento que posee acerca del instrumento, de sí mismo y de su particular forma de tocar para encontrar su manera personal de explicarla, que el alumno podrá más adelante reinterpretar y aplicar a sus necesidades particulares de forma autónoma. Se le deben proporcionar las herramientas que necesitará para progresar por sí solo en el futuro, cuando se convierta en su propio profesor o en el de otros. De lo contrario, con la simple repetición de ejercicios el progreso del alumno quedaría en manos del azar, esperando que haya suerte y alguna de las veces salga algo mejor de forma aleatoria y por una causa desconocida, o confiando en que el ejercicio dé sus frutos por sí solo.

Para dominar esas herramientas no basta con la imitación de los ejemplos ofrecidos por el profesor, que se pueden hacer de forma en apariencia eficaz pero que también pueden ser en gran medida inconscientes. Cada uno de esos ejemplos debe ir acompañado de la pertinente explicación acerca de qué se está haciendo realmente y cómo se puede conseguir de la forma más sencilla y eficaz. De lo contrario, la enseñanza se limitará al proceso de reproducción descrito más arriba que difícilmente preparará al alumno para progresar por sí mismo.

La metodología del profesor y la metodología para el alumno

Debemos encontrar la mejor manera de trabajar cada una de las habilidades que queremos desarrollar más allá de la simple realización rutinaria de los ejercicios, aunque esto implique salirse de la norma y experimentar. Es necesario un cierto grado de autonomía y de seguridad en uno mismo para atreverse a tomar decisiones y a adaptar la enseñanza a cada alumno y a sus aptitudes y carencias. Una metodología basada únicamente en la tradición y en lo que necesita la mayoría del alumnado —considerado este como un ente abstracto— puede no ser la más adecuada en cada caso concreto. De hecho, no lo será en ninguno, porque cada persona mostrará necesariamente una cierta desviación con respecto a la media y siempre se necesitarán modificaciones de mayor o menor calado.

No resulta fácil para un profesor novel adoptar esa actitud innovadora con respecto a *lo que siempre se ha hecho*. Suele pesar demasiado el argumento de autoridad de otros intérpretes o de profesores más conocidos o con más experiencia que él. Poco importa que sean instrumentistas famosos o simplemente otros compañeros con más años en ejercicio, la sensación de vértigo causada por el hecho de alejarse de lo establecido siempre estará presente. Tampoco se trata, por supuesto, de improvisar de forma anárquica para ver qué sucede, sino de plantearse una metodología personal partiendo de lo ya establecido y que ya ha probado su valía, pero con las adaptaciones marcadas por la propia experiencia del profesor. Este sabe qué es lo que a él personalmente le ha funcionado y qué no, y también qué fue lo más eficaz con otros alumnos.

Así, partiendo de la metodología tradicional y añadiendo la experiencia personal del profesor, tanto cuando estudia para sí mismo como cuando trabaja con sus alumnos, este puede llegar a concretar su propia metodología, su forma personal del enseñar. Pero esta *metodología del profesor* corre el riesgo de convertirse a la larga en algo tan convencional como las metodologías más generalistas si no se sabe adaptar a las necesidades de cada alumno en cada momento. Con esta adaptación se llega a la *metodología para el alumno*, la forma más efectiva de que este aprenda.

En resumen, la clave está en partir de lo ya establecido y comprobado, aquello que nos enseñaron nuestros maestros, y pasarlo por el filtro de nuestra experiencia personal para construir nuestra propia forma de enseñar, pero a la vez debemos tener la flexibilidad suficiente para saber adaptarla a las necesidades reales de nuestros alumnos. La ventaja de este proceso es que se va retroalimentando, y cada alumno supone una nueva experiencia para el profesor que va enriqueciendo su método.

> *"El cerebro no es un vaso por llenar, sino una lámpara por encender."*
>
> Plutarco (50-120)

Como veremos en la encuesta de las páginas finales, la mayoría de los profesores que participaron en la encuesta sentían que en sus inicios carecían de una buena formación pedagógica con respecto a la enseñanza de su instrumento, pero en la actualidad se sienten bien preparados. Esto es una demostración de que el proceso descrito en los párrafos anteriores se aplica en la realidad, y que la mayoría de los profesores utilizan la experiencia que les proporciona el trabajo con sus alumnos para evolucionar como docentes y así ir mejorando su sistema, lo que a su vez les da mayor seguridad y confianza en la realización de su trabajo. En este capítulo y en los siguientes intentaremos dar una serie de pautas para que el proceso de iniciación en la docencia resulte menos arduo y para sacar un mejor partido a todo lo que nuestros alumnos nos van aportando.

El repertorio como material de estudio

Todo el repertorio que utilizamos en clase o para nuestro trabajo personal debe ser elegido con una intención didáctica y con un objetivo concreto. Ya sean ejercicios de técnica, estudios u obras, no son —en este contexto educativo— más que el material que podemos utilizar para progresar como instrumentistas y hacer progresar a nuestros alumnos. Su finalidad es favorecer el aprendizaje de los grandes conceptos generales que servirán para toda la vida, como pueden ser la afinación, la calidad del sonido, la flexibilidad, la articulación o el fraseo en un estilo determinado. No se trata únicamente de tocar de la mejor manera posible la pieza concreta que estamos estudiando, o de avanzar por el libro lo más rápido que podamos, sino de trascender ese material y utilizarlo para, además, aprender o profundizar en una destreza que podamos aplicar a cualquier otra obra.

Es cierto que los alumnos a menudo tienen que demostrar los resultados de su trabajo en un examen o en un concierto, pero el fin último del aprendizaje no es tocar ese estudio o esa obra en particular, sino dominar las capacidades que les permiten hacerlo. El examen representa el momento de demostrar que se ha conseguido, pero ir más allá y ser realmente conscientes de lo que el estudio de esa obra les ha aportado como instrumentistas e interiorizarlo incorporándolo a su forma natural de tocar será lo que les permitirá utilizarlo en cualquier otra.

> Recuerda que el profesor no debe únicamente enseñar a tocar determinada obra, sino cómo se puede hacer utilizando todos los recursos técnicos y musicales.

Hace años los programas de estudio de los conservatorios se limitaban a ser un listado de obras y ejercicios ordenados por cursos sin mayor indicación. Posteriormente se han ido detallando en otros apartados de las programaciones cuáles son los aspectos generales que se deben trabajar en cada nivel y con qué grado de profundidad. De esta forma ha sido más fácil centrar el estudio, pero siempre sin olvidar que la finalidad de esas obras no es únicamente su interpretación en un examen —aunque como acabamos de decir, sirvan de comprobación de que el trabajo realizado ha dado sus frutos—. El objetivo real, que nos servirá a largo plazo, es dominar todas las habilidades que hacen posible que esas piezas se puedan tocar. Esta utilización didáctica del repertorio a largo plazo puede aplicarse a cualquier obra, desde las más sencillas hasta las grandes obras de cualquier instrumento, basta con observar con detalle qué se puede trabajar en cada una de ellas y ajustar el nivel de exigencia.

Todos los alumnos de buen nivel estudian los grandes conciertos escritos para su instrumento por los más eminentes compositores. Si la única finalidad de este estudio fuera tocarlos en una sala de conciertos la mayoría de ellos podrían sentirse equivocadamente fracasados porque, siendo realistas, ¿cuántos tendrán en su vida la oportunidad de tocarlos con una orquesta o en un gran auditorio? En cambio, lo que el estudio en profundidad de estas y otras obras les aporta redunda siempre en un mejor control de su instrumento, y eso será lo más valioso a largo plazo y lo que les ayudará a progresar. Si finalmente surge la oportunidad de tocar esos conciertos ¡a disfrutar del momento!

> Piensa qué es lo que quieres enseñar a tus alumnos en cada uno de los aspectos de lo que representa tocar un instrumento —técnicos, estilísticos, emocionales—, reflexiona acerca de cómo realizas tú mismo cada uno de ellos y escoge y utiliza el repertorio como una herramienta para trabajarlos.

El análisis del repertorio

Para poder utilizar el material de la manera antes descrita es necesario un análisis detallado que nos permita ver cuáles son los aspectos generales que podemos trabajar con cada obra y qué otros no están presentes en ella de forma importante. Una vez determinados cuáles son estaremos en condiciones de explicar a nuestros alumnos cómo conseguirlos utilizando las explicaciones y ejercicios complementarios que nos hayan ayudado a nosotros a hacerlo, o que previamente hayamos experimentado con otros alumnos.

Este análisis puede incluir elementos formales, históricos y armónicos, pero para su empleo en el aula es fundamental que tenga también un importante componente técnico y estilístico.

■ **Análisis técnico.** No todas las obras emplean todos los recursos técnicos del instrumento ni lo hacen con el mismo nivel de dificultad, por eso es importante detectar cuáles son los más interesantes para trabajar en cada una y cuáles están ausentes de la misma. De no hacerlo se puede dar por bueno el resultado fijando la atención en el lugar equivocado y pasando por alto lo más importante, y con ello desaprovechar lo que la obra nos podría haber permitido aprender.

■ Análisis estilístico. No hay que perder de vista que, como ya mencionamos páginas atrás, el dominio técnico no es la finalidad última del estudio de un instrumento, sino la forma de poder utilizarlo como un medio de expresión. Se debe buscar en cada obra qué volumen, articulación y fraseos son los más convenientes al estilo y a la época en que fue escrita, más allá de los matices indicados en la partitura. Estas nociones musicales se pueden trabajar en cualquier nivel y van inculcando en el alumno el interés por buscar una idea musical.

Con un completo análisis de la obra, tanto técnico, didáctico e instrumental como estilístico, y un adecuado conocimiento de las convenciones de cada época el alumno estará preparado para estudiar por sí mismo cualquier otra obra relacionada sin necesidad de recibir nuevas instrucciones. De esta forma se estimula su autonomía y la búsqueda de su propia interpretación de cualquier nueva obra.

Por ejemplo, una vez que se han trabajado de esta manera, en profundidad y con conocimiento de causa, dos o tres conciertos de Vivaldi, ¿qué impide que toquemos todos los demás? Pero si, por el contrario, estudiamos cada uno de ellos de forma minuciosa pero limitándonos a imitar las versiones de otros no seremos capaces de afrontar con seguridad el estudio de un nuevo concierto aunque sea similar, porque nos faltará la confianza de saber que nuestra interpretación es correcta y está basada en argumentos sólidos. Corremos el riesgo de no comprender por qué razón los otros instrumentistas tocan esos conciertos de esa manera y no de otra, o de ir copiando pasajes sueltos de uno y de otro intérprete sin entender su relación y cómo quedan conectados entre sí, con lo que nuestra interpretación será incoherente. Si, por el contrario, nuestra versión personal proviene de conocer las características del estilo y tenemos los medios técnicos para poder afrontar la nueva obra podremos empezar su estudio sin temor.

Existen muchas posibilidades de interpretar una misma pieza, siempre de forma correcta y respetando el estilo. La nuestra debe ser una más de entre las muchas posibles y no una copia de la de otros, y podrá ir cambiando a lo largo de los años según vayamos ganando en experiencia.

> Ten cuidado con las obras muy fáciles en apariencia que pueden esconder una gran complejidad musical. Quizá sea precisamente esa complejidad lo que puedas trabajar con tus alumnos, aunque al principio te parezca que la pueden tocar casi a primera vista.

La preparación del concierto o del examen

Un aspecto importante en el que los profesores pueden ayudar a sus alumnos, sobre todo aquellos que mantienen una actividad interpretativa regular, y de ahí la importancia de esta, es en cómo afrontar la preparación de un concierto y todas las fases por las que se pasa desde la lectura de la obra hasta el momento mismo de la actuación. Una vez más, su experiencia como instrumentista —independientemente del lugar o el nivel en el que desempeñe esta labor— aporta al profesor un magnífico conocimiento práctico que puede transmitir a sus alumnos. Estos lo podrán utilizar para mostrar todo el fruto de su trabajo en el momento en que lo necesiten.

Como observaron varios de los participantes en la encuesta que analizaremos en la segunda parte del libro, es muy diferente estudiar una obra en casa —o tocarla en clase— y tocarla delante de un auditorio. Son muchos los condicionantes que intervienen en ese momento y que merecen una atención específica.

Cada profesor e intérprete puede tener su propio sistema y sus rutinas, pero sin ánimo de ser exhaustivos podríamos resumir así las fases de preparación de una pieza para una actuación:

- Lectura de la obra.
- Análisis técnico y estilístico.
- Trabajo técnico y estudio musical.
- Automatización.

▪ Asentamiento.
▪ Relajación y visualización del concierto.
▪ Actuación.

Explicar a los alumnos cómo leer la obra, en qué puntos deben fijar su atención, con algunos consejos sobre cómo pueden mejorar su primera vista, les ahorrará trabajo y hará que sus horas de estudio sean más efectivas. También ayudará a planificar el estudio específico de la pieza lo observado en el análisis que se haya hecho sobre la misma.

El trabajo técnico debe incidir en aquellos aspectos más presentes en la obra —velocidad, sonido, agilidad, articulación o cualquier otro— hasta conseguir un dominio de todos los pasajes de la obra que ofrezca seguridad y permita olvidar su dificultad mientras se está tocando. Puede incluir ejercicios alternativos que eviten trabajar las dificultades técnicas directamente sobre la obra. Esto último podría conducir a la pérdida de su sentido musical y con ello al aburrimiento y a la desmotivación.

El estudio musical, por su parte, puede incluir no solo tocar esa obra en concreto y los ejercicios relacionados que hayamos escogido, sino también escuchar y analizar otras del mismo autor o del mismo estilo, aunque sean para otros instrumentos. Así se amplía el abanico de recursos musicales y se puede profundizar aún más en el conocimiento del estilo.

> Intenta, en la medida de lo posible, no trabajar las dificultades meramente técnicas directamente sobre la obra. Es mejor que pienses en algún ejercicio alternativo, porque de lo contrario corres el riesgo de viciar el pasaje, perder su sentido musical o de que en el concierto te entre miedo al ir acercándote a él.

La automatización consiste en la repetición de cada pasaje de la obra un número determinado de veces una vez se han trabajado en detalle todos ellos, y tiene la finalidad de poder abstraerse de las dificultades técnicas en el momento de la actuación. También se pueden hacer repeticiones de grandes partes de la obra o de la pieza entera. Con este tipo de trabajo, una vez se han consolidado las fases anteriores del estudio, se consigue ganar en confianza en cuanto a nuestro dominio de la obra, lo que nos permitirá evitar inquietudes técnicas en el momento del concierto y así centrar nuestra atención en la música y conseguir que el instrumento parezca responder de forma natural.

Tras el estudio completo de la obra es muy importante respetar una fase de reflexión y de asentamiento que permita darle seguridad. Nunca es conveniente terminar de montar una obra pocas fechas antes de la actuación. Una vez que la obra está dominada es aconsejable dejarla reposar unas semanas para no llegar al concierto con una excesiva fatiga o con un nivel de aburrimiento que repercuta negativamente en nuestra interpretación. En esas semanas podemos dejar la obra relativamente de lado e ir alejándonos paulatinamente del trabajo técnico realizado, mientras que a un nivel inconsciente queda en nosotros la concepción general de la pieza. Al retomar la obra tras este período de asentamiento observaremos que la podemos volver a abordar desde un punto de vista completamente distinto, más relajado y próximo a la idea musical. En todo caso, la duración de este período de asentamiento debe ser la adecuada para cada persona a fin de no perder lo aprendido y poder sacarle todo el partido.

Las rutinas previas al concierto, como los ejercicios de relajación y visualización, son una gran ayuda para la actuación, porque permiten aproximarse a esta desde un punto de vista positivo. La descripción de estas técnicas no es el objeto del presente libro, pero baste con indicar que su finalidad es acostumbrar al músico a las sensaciones que el escenario produce, de forma que la actuación real no se le haga desconocida. No todas las personas que se dedican a la docencia disponen a la vez de las suficientes ocasiones para expresarse como instrumentistas, por lo que corren el riesgo de que esta experiencia les resulte extraña en cierta medida. Este tipo de ejercicios realizados con la mayor cantidad posible de detalles consiguen que la sensación de la actuación resulte más familiar porque ya se ha vivido previamente, aunque sea con la imaginación. No sustituyen a una actuación real, pero son una excelente preparación para la misma.

Todo lo anterior tiene como finalidad afrontar la actuación en las mejores condiciones, pero esta puede verse deslucida por un inadecuado comportamiento sobre el escenario causado por los nervios o por la falta de costumbre. Es importante prestar atención a la presencia en escena, y ocupar correctamente el espacio y gestionar las pausas para transmitir una sensación de serenidad y concentración.

Conocer al alumno

El punto de partida para poder aplicar todo lo anterior es, evidentemente, saber cómo es cada alumno y cuáles son sus intereses y sus capacidades. Este análisis no supone una valoración encaminada a decidir una calificación, sino que debe servir para fijar la atención en cada aspecto instrumental básico a fin de establecer una estrategia y decidir qué tipo de estudio se puede priorizar sobre los demás. Aunque este ejercicio de análisis se realiza de manera automática y casi constante, como una forma de comprobar que lo trabajado está dando sus frutos, se pueden diferenciar varios momentos:

- Análisis inicial. Cuando escuchamos al alumno por primera vez o tras un largo período de tiempo, por ejemplo las vacaciones. Nos indica por donde podemos encaminarnos durante el curso, aunque precisamente por ser la primera impresión puede resultar engañosa y necesita ser revisada constantemente.

- Análisis regular. Es el que se efectúa en el día a día de cada clase para verificar que la planificación está dando los resultados esperados y poder realizar los oportunos ajustes a medida que el alumno va progresando.

- Cuando surge un problema. En realidad, el progreso con el instrumento no es lineal y a menudo surgen problemas de mayor o menor gravedad que entorpecen el aprendizaje. Es el momento de realizar un análisis más pormenorizado que permita conocer cuál es su causa real y buscar una solución. Seguramente obligará a variar el plan previsto, pero será la única manera de poder retomarlo más adelante con garantías.

- Valoración y evaluación. En este caso sí que utilizaremos el análisis para, además de decidir una calificación, constatar en qué medida se han logrado finalmente los objetivos fijados en la planificación —por ejemplo a final de curso— y sirve para reiniciar el ciclo de planificación.

Esta atención permanente a la evolución del alumno, adaptando la enseñanza a sus necesidades en lugar de seguir a toda costa una programación estandarizada permite proporcionarle en todo momento una enseñanza personalizada.

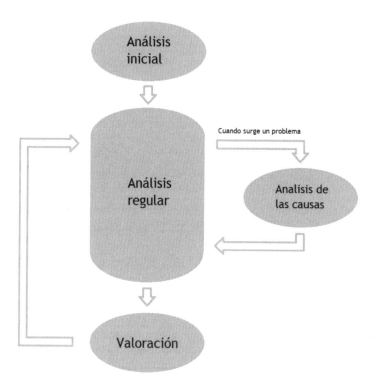

Una prueba de acceso puede resultar engañosa. En ocasiones el alumno ha pasado los últimos meses trabajando únicamente el repertorio de la prueba y después, durante las clases, aparecen temas a trabajar que pasaron desapercibidos al principio. Un motivo más para revisar y adaptar continuamente la planificación.

Orientación y objetivos

Con la información que proporciona el conocimiento del alumno y de sus aptitudes, y tras conocer cuáles son sus inquietudes e intenciones con el instrumento, comienza el trabajo del profesor en su faceta de orientador. En este aspecto, su capacidad de observación dirigida hacia los puntos realmente importantes unida a su experiencia, tanto consigo mismo como estudiante o instrumentista como con otros alumnos que haya tenido anteriormente, le guiarán para dar los consejos más oportunos a los nuevos alumnos.

Son muy diferentes los objetivos que se pueden marcar los alumnos cuando deciden empezar a estudiar un instrumento, desde los que quieren hacer una carrera profesional hasta aquellos que simplemente quieren disfrutar de la música y así ampliar su ámbito de conocimiento y de relaciones sociales. En cualquier caso, los objetivos que nos propongamos con cada alumno deben ser siempre realistas según su edad, capacidades y posibilidades de dedicación. De lo contrario se corre el riesgo de que caiga en el desánimo al no poder alcanzarlos y hacer que lo que podría haber sido una experiencia enriquecedora acabe siendo una causa de frustración.

Dentro de una misma clase puede haber diferencias entre los objetivos que se marquen los alumnos, aunque si están en el conservatorio todos deban cumplir con unos requisitos mínimos para poder pasar de curso. Quizá el profesor haya tenido anteriormente algún alumno excepcional —o lo fuera él mismo en su época de estudiante—, pero esta no debe ser la única referencia para el resto de sus alumnos y lo que marque el nivel de exigencia general de su clase, porque esa comparación puede desanimar a otros alumnos que, aún teniendo un buen nivel, piensen equivocadamente que no es suficiente.

Por otro lado, ese alumno brillante también necesita ser motivado, encontrar objetivos que le sirvan de aliciente para progresar y no quedar incluido dentro de un estándar en el que no encaja. De lo contrario no podrá sacar todo el partido a sus aptitudes. Si al final acaba superando a su profesor será señal que ambos han hecho bien su trabajo.

Pocos alumnos llegarán a ser profesionales de la música, y aún menos serán concertistas, pero probablemente la mayoría nunca se haya planteado serlo. Esto no quiere decir que la música no pueda ser para esas personas una parte importante de su vida, aunque sea como aficionados. Todos los objetivos son igual de respetables si están bien escogidos y son los adecuados a las aspiraciones y capacidades de cada uno, por eso el profesor debe saber ofrecer a cada perfil de su alumnado lo que necesita para alcanzar aquello que se ha propuesto. Este proceso empieza con una orientación realista desde la que planificar el trabajo.

Existe una clara diferencia en lo que respecta a los objetivos que se pueden fijar en cada nivel educativo. Así como los alumnos de un conservatorio superior han hecho una apuesta seria por unos estudios de carácter universitario y por buscar su futuro profesional en la música, ya sea como instrumentistas o como docentes, esta orientación no es tan evidente en el grado profesional o en las escuelas de música.

Los conservatorios profesionales imparten unas enseñanzas equivalentes a las de secundaria de la educación general, de hecho lo aconsejable es que se simultaneen con estas y empezar los estudios en el conservatorio en primero de Enseñanza Secundaria Obligatoria y terminarlos a la vez que el bachillerado. Esta sincronización permite acogerse, si se desea, a un sistema de convalidación de diversas asignaturas del instituto, lo que permite disponer de más tiempo de estudio del instrumento y las demás asignaturas del conservatorio.

Los alumnos de estos centros han superado una prueba de acceso y durante estos años pueden ir preparando su acceso al conservatorio superior —al igual que los alumnos de un instituto pueden preparar su acceso a la universidad—, pero quizá acaben optando por estudiar otra carrera y seguir disfrutando de la música como aficionados. También puede que en el momento de pasar al conservatorio superior opten por cambiar de especialidad y pasen de estudiar interpretación —la única que se imparte en los conservatorios profesionales— a estudiar pedagogía, composición, sonología, dirección o musicología. Conocer estas diferentes opciones y aconsejarles acerca de cuál puede ser la más adecuada para cada uno es parte la orientación que se puede ofrecer a los alumnos de los conservatorios profesionales.

En las escuelas de música o en los conservatorios elementales es donde se encuentra una mayor variedad de alumnado y donde puede ser más necesaria una buena orientación desde el principio. La mayoría de los alumnos empiezan con el instrumento a los siete u ocho años de edad y algunos de ellos intentarán un poco más adelante acceder a un conservatorio profesional, pero muchos otros preferirán seguir en la escuela e ir mejorando con el instrumento con un nivel de exigencia más llevadero. No marcarse como objetivo acceder al conservatorio no significa que el alumno no pueda seguir progresando, por el contrario, permite una planificación más libre y ajustada a sus intenciones. Durante estos primeros años es necesario hacer un esfuerzo por mantener en el alumno la ilusión por aprender, sea cual sea su objetivo con la música, a la vez que se mantiene una actitud realista acerca de sus capacidades y posibilidades reales.

Otro tipo de alumnado de las escuelas son personas que se inician en el estudio de la música en edades más avanzadas. La mayoría no se habrán planteado seguir en el conservatorio, pero esto no quiere decir que no pueden ir progresando a su ritmo y poco a poco ir conociendo en la misma escuela de música el repertorio de su instrumento a medida que su nivel instrumental avanza. Probablemente el objetivo de muchas de estas personas sea tocar en alguna banda, orquesta o agrupación de aficionados. En la escuela pueden aprender la técnica correcta que les permita dominar su instrumento con una solvencia suficiente como para hacerlo con comodidad.

> Las agrupaciones instrumentales de aficionados —bandas, orquesta o grupos de cámara— cumplen una gran labor cultural. Permiten disfrutar de la música a quienes no han decidido hacer de ella su profesión, a la vez que en muchos casos ofrecen conciertos de muy buena calidad. También permiten a los profesores de escuelas y conservatorios colaborar con ellas y así mantenerse activos con su instrumento mientras comparten su saber hacer con los demás miembros.

Al margen de los deseos del alumno y del profesor, los objetivos que se pueden fijar y los resultados que se lleguen a obtener dependen de dos factores:

- ■ **La capacidad del alumno.** Es innata y sobre ella no cabe mucho margen de actuación, pero se pueden potenciar y aprovechar aquellas facetas en las que muestra más habilidad para extraer de ellas todo su potencial. No todos los alumnos son igual de capaces en los mismos aspectos, y cada uno puede ser brillante en alguno determinado, que una vez descubierto marcará su camino como instrumentista. Los hay creativos, trabajadores, virtuosos, expresivos, técnicos, reflexivos, innovadores, analíticos, y muchos otros perfiles, tantos como personas.

■ **El estudio personal.** Del tiempo de trabajo y de cómo se aproveche dependerá en gran medida que se saque todo el partido a las aptitudes innatas. La cantidad de estudio depende del tiempo que el alumno esté dispuesto a invertir —o el que le sea posible dedicar después de atender a otras obligaciones—, mientras que su calidad está muy influida por las indicaciones que su profesor le pueda proporcionar.

La combinación de talento y trabajo de calidad es la que marcará hasta dónde es posible llegar. Si uno de los factores falla, el resultado se resentirá.

El ritmo de trabajo

La forma de estudiar tiene que ser eficaz, lo que significa que debe ayudar de forma efectiva al alumno a progresar por el proceso de aprendizaje de su instrumento, y a la vez eficiente, de forma que se aproveche todo el tiempo invertido en el estudio. Como acabamos de ver, no todos los alumnos tienen las mismas aptitudes y la misma personalidad y aspiraciones, por lo que necesariamente su ritmo de aprendizaje será diferente y, probablemente, también distinto del ritmo del profesor. Esto implica diferencias tanto en el tiempo que necesiten para dominar un concepto como en el tipo de trabajo que les resulte más productivo.

Transmitir al alumno motivación y ganas de trabajar es más mucho efectivo que exigirle una disciplina mal entendida. No basta con decirle cuántas horas tiene tocar, debe saber siempre cómo y para qué, para que el mismo proceso de estudiar le resulte estimulante y no solo una obligación. Si el alumno está motivado es más fácil que estudie por sí solo de forma autónoma y así cumpla con el número exacto de horas de trabajo que personalmente necesita. Existe una gran variedad de obras y estudios para trabajar cada aspecto del instrumento; si se ofrece al alumno

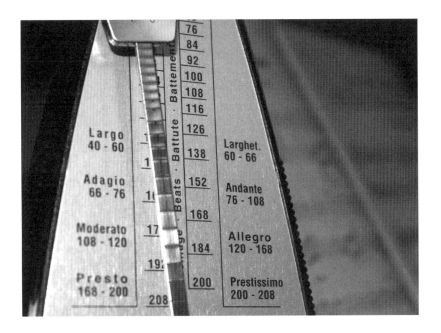

un repertorio que le guste y además se le hace ver que más allá del puro entretenimiento un trabajo meticuloso y bien encaminado también puede ser agradable, el refuerzo de la motivación estará asegurado.

> Se suele decir que para ser un experto en algo se necesitan diez mil horas de trabajo. Lo podemos escuchar tanto referido al ámbito del arte como al de la empresa, la universidad o incluso en el deporte, pero como todas las generalizaciones resulta ser falsa. Basta con tener en cuenta las afirmaciones del científico Stephen Hawking, que en cierta ocasión declaró que había calculado que en sus tres años de estancia en la Universidad de Oxford había estudiado un total de mil horas, es decir, una al día. Un buen ejemplo de que cada uno tiene su propio ritmo de trabajo, y de que el ritmo de los demás puede no ser el más conveniente para uno mismo. Probablemente los compañeros de Hawking necesitaron estudiar algo más que él para acabar la carrera.

La clave del aprendizaje de un instrumento no reside únicamente en cuántas horas se le dediquen si no, sobre todo, en el aprovechamiento del tiempo y en una correcta orientación del trabajo. Si disponemos de una buena planificación que incluya unos objetivos claros y un repertorio de ejercicios y de rutinas de estudio que hemos comprobado que nos resultan eficaces sacaremos el máximo rendimiento a cada sesión de estudio. Si, por el contrario, vamos acumulando hora tras hora de trabajo sin una intención clara probablemente estemos dispersando nuestro esfuerzo en lugar de enfocarlo hacia lo que realmente necesitamos.

De todas formas, por muy bien planificado que esté el trabajo, de nada sirve si cada uno no le dedica el tiempo que necesita, que depende de cada persona y varía según sus aptitudes y capacidad de concentración y aprovechamiento. Algunas personas puede que necesiten cuatro horas para dominar algo que otras consiguen en dos, pero ambas deben saber cuál es el tiempo que precisan. Si la que necesita dos horas solo invierte una, confiando en su capacidad innata, no conseguirá los resultados apetecidos, o si invierte cuatro como su compañera puede que solo consiga desmotivarse. La otra persona, en cambio, si solo le dedica tres horas tampoco conseguirá resultados.

Las explicaciones

Una vez decidido qué es lo que se quiere enseñar, con qué finalidad y a qué alumno en concreto, llega el momento de adaptar, una vez más, el modelo estándar a cada caso particular. Se trata de pensar en cómo hacer llegar la información al alumno para que este la asimile de forma rápida y eficaz.

Las explicaciones pueden ser muy diferentes según el nivel del alumno, su edad e incluso su personalidad, y también dependen del tipo de tema que se quiera trabajar —técnico, estilístico, anímico o de cualquier otro tipo—, pero siempre deben cumplir ciertas reglas:

- Partir de un **conocimiento directo** y personal del profesor acerca de qué es lo que ocurre realmente en el instrumento. Huir de los convencionalismos y de explicaciones rutinarias que quizá no se comprendan plenamente.

- Ser progresivas y tener una **complejidad adecuada** al nivel y edad del alumno. De nada sirve explicar en detalle a un alumno de ocho años el funcionamiento de la respiración diafragmático-abdominal si ni siquiera conoce esas palabras, bastará con proponerle ejercicios más sencillos y sin demasiada explicación teórica que provoquen el gesto que se desea. Más adelante se podrá profundizar todo lo necesario.

- Estar **basadas en conocimientos previos** del alumno para hacerlas más comprensibles.

- Ser **concretas**, sin un excesivo desarrollo que las haga poco prácticas. Cada explicación puede derivar en otras complementarias que, aunque interesantes, pueden desviar la atención de la idea principal. Es mejor explicar una cosa cada vez y, una vez aprendida, relacionarla con las demás.

- Ser **variadas** aunque se refieran un mismo tema, para poder utilizar una u otra según las necesidades de cada alumno.

Es muy difícil describir el grado exacto de complejidad y la forma que deben tener las explicaciones dirigidas a cada tipo de alumno, porque un consejo así solo sería válido para un inexistente término medio del alumnado. Hay alumnos de cualquier edad que comprenden mejor una descripción física de lo que deben hacer con el instrumento y otros a los que les va mejor una explicación más imaginativa, y los hay que comprenden desde el principio un determinado concepto y otros que debe ir acercándose a esa idea más progresivamente. Varía mucho según la personalidad de los alumnos, aun cuando tengan edades similares.

> Intenta disponer de un variado repertorio de explicaciones diferentes para cada tema, desde las más técnicas hasta la más imaginativas, para poder utilizarlas según el nivel, personalidad y edad del alumno.

Como ya hemos dicho antes, a cualquier edad se pueden utilizar imágenes mentales en las explicaciones en lugar de explicaciones teóricas —como en el ejemplo de dirigir el flujo de aire hacia un punto más alto de la pared de enfrente para asegurar las notas agudas—. Es un recurso rápido y eficaz, pero siempre se debe describir el gesto o mecanismo que se quiere provocar —la lengua y los músculos faciales comprimen más el aire hacia el paladar y al salir con más velocidad las notas se mantienen más fácilmente— de tal forma que el alumno lo pueda entender. Estas imágenes son muy eficaces porque provocan el movimiento que se quiere conseguir de forma muy rápida, pero sin la posterior explicación sería difícil realizar mejoras. Es cierto que a la hora de tocar es más fácil recurrir a estas imágenes y a las sensaciones que provocan que recordar la teoría, pero sin esta el dominio del instrumento quedaría incompleto.

Siempre se debe estar abierto a cambiar las explicaciones y a encontrar otras nuevas. Para eso sirve de gran ayuda el tener una buena cultura general, no solo musical, porque abre el abanico de posibilidades para encontrar nuevos ejemplos y soluciones diferentes a los mismos problemas. A lo largo de la vida, desde el colegio hasta el conservatorio, se cursan asignaturas que aparentemente no guardan mucha relación con nuestra profesión, y más adelante se siguen ampliando los conocimientos con otras lecturas y nuevas experiencias, y así vamos ampliando nuestros conocimientos. En el trabajo utilizaremos solo una parte de esos conocimientos, quizá un diez por ciento, pero el problema es que nadie nos puede decir *qué* diez por ciento será.

Los alumnos pueden ayudar mucho a su profesor, aunque muchas veces lo hagan sin darse cuenta. Cada uno presenta unas particularidades que se deben atender, y en este proceso de adaptación de su forma de enseñar el profesor va añadiendo a su bagaje previo nuevos conceptos y explicaciones que servirán a otros alumnos que puedan llegar. Estimular la curiosidad y el hacer preguntas en clase favorece este proceso de aprendizaje en común entre el profesor y sus alumnos, lo que redunda en un mejor conocimiento tanto del instrumento como de todo lo que atañe a su enseñanza.

"En el conservatorio tenemos una asignatura que se llama Técnica Instrumental. Consiste en una hora semanal de clase colectiva con todos los alumnos, en donde trabajamos todos los aspectos relacionados con el oboe, desde la respiración hasta la velocidad en la digitación, pasando por el sonido, afinación, articulación, flexibilidad y muchos otros.

Siempre llevo un tema preparado para trabajar cada semana, pero la mayoría de las veces al empezar la clase surge alguna pregunta interesante, más o menos relacionada con el tema previsto, que nos hace reflexionar y reorienta completamente la sesión. De esta forma aprendemos todos: el alumno que ha formulado la pregunta, los demás alumnos que aprenden algo que quizá no se les había ocurrido y yo mismo, que debo buscar una explicación convincente a cada duda que se propone. Suele ser la clase más interesante de la semana, precisamente por la flexibilidad que permite y el diálogo que se establece con los alumnos."

Cuando el profesor no puede tocar

Hasta aquí hemos hablado en repetidas ocasiones de lo importante que es que el profesor mantenga una buena relación con su instrumento para que pueda transmitir su experiencia personal a sus alumnos, y cómo el mantenerse activo redunda en una mayor autoestima y mejora su labor docente. Es algo en lo que está de acuerdo la mayoría de quienes se dedican a la docencia, pero en ocasiones ocurre que el profesor, en contra de su voluntad, se ve imposibilitado para tocar como quisiera. En este caso no nos referimos a una falta de capacidad o de que no se le presenten oportunidades de actuar tan a menudo como desearía, sino de cuando existe realmente un problema que lo impide. Entonces surge la pregunta: ¿se puede enseñar sin tocar?

Además de los asociados a la edad, son múltiples los problemas que puede experimentar un músico a lo largo de su vida. Algunos son de carácter físico, como la tendinitis o la artrosis, y otros de naturaleza psicológica, como la distonía o el miedo escénico, y todos ellos pueden llegar a incapacitar de forma temporal o incluso permanente. Los del segundo tipo pueden manifestarse continuamente, realizando cualquier actividad y a lo largo de todo el día, o estar solamente relacionados con el instrumento y aparecer en los momentos de mayor tensión, o únicamente en las actuaciones en público. En cualquier caso, esta falta de control puede provocar un alto nivel de frustración en el instrumentista e incluso causar una merma de su autoestima.

Pero estos problemas, a pesar de obstaculizar en gran medida una actividad interpretativa regular si no se consiguen superar, no tienen porqué impedir que el profesor pueda guiar el aprendizaje de sus alumnos —a pesar de que él mismo no sea capaz de reproducir lo explicado o de mostrarlo en una actuación en público— y con ellos encontrar una nueva fuente de motivación. Resulta evidente que en estos casos será necesario hacer un esfuerzo suplementario para comprender en profundidad todo lo que afecta al hecho de tocar y elaborar un buen repertorio de explicaciones verbales, puesto que en gran medida el profesor se verá privado de poder complementar los ejemplos con su instrumento.

Probablemente el mayor servicio que pueden prestar a sus alumnos los profesores que tengan actualmente este tipo de problemas o los hayan tenido y superado sea precisamente compartir esta experiencia personal, aunque para ellos haya sido dolorosa. La profesión de instrumentista comporta una serie de riesgos de los que no se suele ser consciente y de los que rara vez se habla, quizá por vergüenza o por pensar que son unos problemas que solo afectan a uno mismo y que los demás no serán capaces de comprender. Precisamente al no hablar abiertamente de ellos se favorece la sensación de que son extremadamente raros, con lo que se cierra el círculo vicioso de la incomprensión y de la frustración. En cambio, para prevenirlos en la medida de lo posible y comprender y apoyar a quienes los puedan estar padeciendo en un momento dado es preferible hacer que los alumnos conozcan de primera mano la existencia y la descripción de estos peligros, cuáles pueden ser sus causas y, llegado el caso, mostrarles la posibilidad de encontrar otras salidas profesionales distintas de la interpretación, aunque igual de gratificantes.

Aunque todos ellos muestren en escena una imagen de serenidad y autocontrol, son numerosos los músicos célebres que han padecido problemas de este tipo, como Pau Casals, Maria Callas, Vladimir Horowitz, Enrico Caruso, Sergei Rachmaninoff, Arthur Rubinstein, Renée Fleming o, fuera del ámbito de la música clásica, Joaquín Sabina, Pastora Soler, o los actores Audrey Hepburn y Hugh Grant. Incluso el escritor Gabriel García Márquez relata episodios de miedo escénico cuando se veía obligado a hablar en público —incluso hay quien le considera el inventor del término—. Parece evidente que se debería prestar la debida atención a una circunstancia que puede ocurrir a cualquiera que tenga que subir a un escenario. Para esta labor se hace imprescindible la ayuda de los profesores que hayan tenido estas experiencias.

"El miedo escénico es ese temor tan intenso en que se desvanecen las notas agudas de los cantantes y toda técnica y maestría parecen evaporarse."

Claudio Arrau (1903-1991)

4

EL DÍA A DÍA EN CLASE

Hasta este momento hemos insistido en la importancia de saber cómo tocamos realmente y cómo transmitir ese conocimiento a nuestros alumnos. En este capítulo nos acercaremos a la actividad diaria en el aula e intentaremos ofrecer unas pautas acerca de qué es lo prioritario, tanto en términos generales como en algunas de las familias instrumentales. En un libro de estas características no es posible hacer una enumeración ni una descripción exhaustiva de ejercicios específicos para todos y cada uno de los instrumentos, por lo que nos limitaremos a ofrecer unas ideas generales y a proponer tipos de ejercicios y formas de trabajar que ayuden al profesor a escoger los que le resulten más interesantes de entre la toda la literatura de su instrumento. Los profesores de otros instrumentos podrán adaptar y aplicar estas ideas al suyo en particular.

El nivel de dificultad y de exigencia

El trabajo diario en el aula no se limita a hacer tocar al alumno una pieza y hacer correcciones sobre ella, sino que debe seguir una estructura para ofrecer una formación con un objetivo claro, completo y equilibrado y sin olvidar ningún aspecto importante de la práctica del instrumento. Para una correcta organización del tiempo de clase es muy importante saber qué es lo que se puede trabajar en cada uno de los niveles y con qué grado de exigencia. Si dispone de un sistema personal y bien estructurado, el profesor podrá evitar a sus alumnos problemas de base que luego serán muy difíciles de corregir, pero en primer lugar es necesario que sepa en qué debe fijar su atención en cada momento

Una de las prioridades al dar clase debe ser la búsqueda de la corrección en cada uno de los aspectos que implica el hecho de tocar. Lo más importante no es atreverse con pasajes muy difíciles, cuanto más rápidos y con cuantas más notas mejor, sino dominar realmente el instrumento y tocar bien la pieza que se tiene delante, por simple que pueda parecer, porque lo que realmente proporciona control sobre el instrumento y permite evolucionar es la técnica de base y su correcta utilización para conseguir una interpretación coherente y creativa. Esta idea es aplicable a cualquier nivel, porque el virtuosismo puede deslumbrar en un primer momento, pero no es más que una de las facetas de la práctica del músico.

Un repertorio aparentemente más fácil pero trabajado en profundidad permite ir aumentando la complejidad del estudio tanto como deseemos y permite afianzar los progresos mucho más que las obras de virtuosismo. Estas también tienen su lugar en el repertorio de cualquier instrumentista, pero no siempre son las más convenientes ni el objetivo prioritario. A menudo se cae en el error de incrementar el nivel de dificultad del material que se hace trabajar al alumno sin que este haya interiorizado plenamente lo que el repertorio más sencillo le habría permitido aprender, hasta llegar a un punto en el que las obras le resultan demasiado difíciles debido a que se han ido dejando por el camino errores que a la larga limitarán su evolución como instrumentista. Habría sido mejor afianzar las habilidades recién adquiridas utilizando otro repertorio más adecuado y progresivo en lugar de permitirle llegar con problemas a las grandes obras del repertorio.

Resulta tentador para el profesor empezar a trabajar con sus alumnos las obras más representativas de su instrumento apenas estos empiezan a mostrar un cierto nivel, pero quizá no tengan aún la suficiente madurez para comprender realmente e interpretar esas obras como requieren. Además, puede que impliquen un salto demasiado grande que haga que la evolución natural del alumno se vea interrumpida e involuntariamente se causen problemas que, de no ser tratados adecuadamente, pueden frenar su progreso.

No es fácil encontrar el punto justo de dificultad entre aquel que supondría un reto motivador para el alumno y el que sería un cambio demasiado brusco como para ser asimilado. Además, depende de muchos factores como las características de la pieza y las aptitudes del alumno en cada uno de los aspectos del instrumento, porque no todos perciben los mismos tipos de dificultad en una misma obra. Para atender de la mejor manera toda esta variabilidad es conveniente incluir en las programaciones y en los apuntes personales del profesor, además de las grandes obras de referencia, muchas otras de cada nivel que se puedan utilizar en un momento dado para reforzar el aprendizaje o incidir en algún aspecto concreto que se desea trabajar.

> Además de elaborar una programación con el formato que te pidan en tu trabajo, prepara una ficha con aquellos conceptos y habilidades que quieres enseñar en cada nivel, tanto técnica como musicalmente, y escoge un amplio repertorio de ejercicios, estudios y obras que te ayude a conseguirlo. Así podrás atender mejor a cada alumno y le darás variedad a tu trabajo.

La adquisición de una buena técnica de base depende en gran medida de la realización de un trabajo consciente y minucioso. Por ejemplo, al trabajar la digitación y la velocidad de una obra es importante comenzar muy lentamente, a fin de encontrar unas buenas sensaciones tanto en el movimiento de los dedos como de control del sonido y del fraseo. A partir de ahí se podrá incrementar la velocidad de forma progresiva, con la premisa fundamental de no perder esas sensaciones. Quizá parezca que estamos perdiendo el tiempo repitiendo lentamente un número determinado de veces algo que ya pensamos que tenemos dominado, pero esa repetición favorece la naturalidad del movimiento y la sensación de hacerlo de forma relajada mucho más que un avance demasiado rápido. Este tipo de trabajo está relacionado con la fase de automatización a la que nos referíamos en el capítulo anterior cuando hablábamos de la preparación del repertorio para un concierto. Al ir incrementando gradualmente la velocidad es importante seguir prestando atención a las sensaciones y no perder el control, porque si el gesto no está realmente bien afianzado y queda algún rastro de inseguridad todo el proceso se bloqueará.

Hoy en día resulta muy fácil comprobar si se domina la pieza más allá de la sensación subjetiva de quien está tocando. Basta con grabarse con el teléfono móvil para tener una buena aproximación a la realidad. Aunque la calidad de sonido no sea muy buena —tampoco se trata de hacer una grabación comercial—, hay muchos aspectos como la afinación, el fraseo o la velocidad que se pueden observar. Es curioso comprobar cómo en la mayoría de los casos se está tocando a una velocidad bastante superior a la que uno mismo pensaba. Esto es señal de que se ha hecho bien el trabajo, porque la sensación de lentitud es debida a que la obra está bien asentada y ahora que se toca a más velocidad se han conseguido mantener las buenas sensaciones que se tenían en las velocidades lentas. Durante un concierto puede que a causa de los nervios se tenga la tentación de tocar un poco más rápido, pero sabiendo de esta propensión a tocar con más velocidad se puede dar un paso atrás hasta reconocer las sensaciones que antes se tenían, con la confianza de que esa será probablemente la velocidad correcta.

En resumen, el grado de exigencia que nos podemos fijar está más relacionado con la profundización del trabajo que nos hemos propuesto, sobre todo en los aspectos fundamentales de la práctica del instrumento, que en las dificultades aparentes de la obra.

> *"Sin técnica eres esclavo del instrumento. Dominando la técnica uno es libre para hacer música."*
>
> Marta Argerich

Qué se puede trabajar con una determinada obra

Como dijimos en el capítulo anterior, todo lo utilizado en la clase, desde los ejercicios hasta las obras, es material didáctico que podemos utilizar para trabajar una determinada habilidad más allá de la propia pieza. No se trata solamente de tocar la obra sino, como acabamos de ver, de hacerlo de forma controlada y con las buenas sensaciones que proporciona el hecho de dominarla con suficiencia.

Por ejemplo, aunque puedan parecer sencillos a primera vista, muchos de los pasajes que se piden habitualmente en las pruebas de selección para las orquestas suelen esconder alguna dificultad que puede pasar inadvertida si no se analiza correctamente la partitura. Lo que el tribunal busca es comprobar que el candidato domina su instrumento en cualquier tesitura y con cualquier matiz o articulación y que podrá hacer frente al trabajo en la orquesta, no solamente tocar ese pasaje.

Si observamos superficialmente el solo de oboe del segundo movimiento del concierto para violín de Brahms —en la página siguiente— no es más que un pasaje lento en corcheas y semicorcheas, en una tesitura bastante centrada y que además se repite varias veces. Es fácil de leer a primera vista, pero por eso mismo se puede caer en el error de subestimarlo y dejar de ver qué es lo que realmente se puede mostrar con este pasaje a la comisión de selección de la orquesta, o cómo lo podríamos utilizar como material de clase. Si lo hacemos sin un mínimo análisis podemos perder la oportunidad de trabajar con el alumno aspectos muy importantes del instrumento.

Observando ese mismo solo con un poco más de atención se pueden ver varios detalles importantes que lo hacen especialmente interesante como material de estudio:

- Empieza con una nota cuyo ataque es complicado, porque el *La* de la segunda octava es bastante inestable y su afinación puede resultar imprevisible si no se controla bien el sonido. Esto da pie a trabajar la emisión del registro medio del oboe con ejercicios complementarios —como ejercicios de emisión y de embocadura— que, a la vez que ayudan a prepararlo, proporcionan al alumno control sobre esta tesitura, que es ciertamente delicada.

- El arpegio *La-Fa-Do* que aparece en el primer compás tiene unas digitaciones que hacen que si no se les presta la debida atención provoquen diferencias de sonido entre las notas y que se quiebre la ligadura.

- El cambio de tesitura añade un poco más de dificultad. Para trabajarlo se pueden estudiar ejercicios de flexibilidad e intervalos.

- Este solo tiene varios tipos distintos de articulación, como ligaduras a las que hay que dar una dirección clara con un sonido homogéneo, pero también notas en picado-ligado y algunas corcheas sueltas al final que tienen que tener su punto justo de pronunciación. Puede ser de gran ayuda para controlar la articulación de este pasaje el estudio de escalas a velocidad moderada en ligado y con distintos tipos de picado.

- Lleva la indicación de *piano*, pero se debe tener en cuenta en cuenta que en este momento el oboe es el solista y debe sobresalir por encima de la orquesta.

- Todo lo anterior aparece en un pasaje muy largo en el que la resistencia física juega un importante papel, y en el contexto de la orquesta, en el que todo el fraseo debe estar supeditado a un pulso constante y coordinado con el resto de los instrumentos.

La descripción de la página anterior es un pobre resumen de lo que se podría trabajar en este pasaje y con ejercicios relacionados con las dificultades que presenta, pero puede servir de muestra sobre cómo se puede utilizar una pieza concreta para trabajar con ella aspectos de base más allá del hecho de tocar la obra en sí. Al igual que el tribunal de selección de la orquesta no quiere solamente comprobar si se sabe tocar precisamente este solo, sino si se dispone de las herramientas para controlar el instrumento en todas las facetas que este requiere, el profesor lo puede utilizar como referencia para planear una estrategia que permita dominarlas.

En el trabajo real en la orquesta es poco probable que el músico requiera de un alto nivel de virtuosismo, entendido como un mero ejercicio de velocidad y dificultad, pero seguro que necesitará todas las destrezas básicas —control del sonido y de la afinación, empaste con los demás instrumentos, regularidad del tempo, etc.— que permiten hacer frente a cualquier imprevisto con solvencia.

Aunque para este ejemplo hemos utilizado una obra de nivel de orquesta profesional para mostrar qué se puede trabajar con ella, el mismo análisis se puede aplicar a cualquier otra obra o ejercicio.

EJERCICIO
Piensa qué podrías trabajar con tus alumnos con esta pieza —no importa de qué nivel sean— y de qué formas diferentes. Piensa también con qué ejercicios podrías complementarla:

Esta búsqueda de los principios fundamentales de una buena base técnica y musical además de ayudar a progresar permite prevenir futuras complicaciones, porque la evolución de un instrumentista no es un proceso lineal, y pequeñas modificaciones involuntarias en la forma de tocar pueden provocar problemas a medio o largo plazo. Puede que, por ejemplo, poco a poco vayamos adoptando una postura más tensa a medida que trabajamos un repertorio de mayor dificultad, o que cambiemos la forma de sujetar el instrumento para compensar algún pequeño error en otro punto. Estos cambios suelen ser muy sutiles y paulatinos, porque no son fáciles de detectar hasta que se vuelven evidentes y entorpecen la forma de tocar.

Cuando se presenta un problema —e inevitablemente lo hará, tarde o temprano—, se hará necesario volver a la base, averiguar cuál es su causa y encontrar un repertorio adecuado que ayude a corregirlo.

Se cuenta que Corelli no seleccionaba a los miembros de su orquesta pidiendo que interpretaran uno de sus múltiples conciertos, sino haciéndoles tocar una nota larga en la que mediante un *crescendo-diminuendo* tenían que mostrar toda su capacidad expresiva. De esta manera en apariencia tan simple debían probar su calidad y dominio de la técnica.

También es conocida la historia de cómo el pintor Giotto quiso ofrecer al papa Bonifacio VIII una prueba de su calidad como pintor: cuando este le pidió por medio de un emisario una muestra de su arte, Giotto se limitó a tomar su pincel y dibujar a mano alzada un círculo geométricamente perfecto. Así pudo dar prueba de su dominio de la pintura por encima de cualquier artificio.

Estos dos ejemplos demuestran la importancia de tener una buena base que permita al instrumentista concentrarse en el discurso musical más allá de las preocupaciones meramente técnicas o de virtuosismo.

La prueba de acceso

Los alumnos que llegan a un conservatorio profesional o superior lo hacen tras haber superado una prueba de acceso en la que han tenido que interpretar un número determinado de obras. En esta prueba el profesor puede hacerse una idea de qué es aquello que deberá trabajar con el alumno, pero lo observado en ella muchas veces resulta engañoso porque depende de muchos factores, como los nervios del momento o la elección del repertorio. También se debe tener en cuenta que el alumno quizá haya pasado los últimos meses dedicado de forma prácticamente exclusiva a estudiar las obras de la prueba, lo que puede enmascarar algunos problemas de base.

Una vez comenzadas las clases se hace necesario un nuevo análisis que permitirá establecer una planificación coherente, y renovar este análisis siempre que sea necesario, como se vio en el capítulo 3.

El instrumento

La elección de un instrumento adecuado es primordial para un buen aprovechamiento de las clases. Muchas escuelas poseen instrumentos que pueden prestar o alquilar a sus alumnos, pero a partir de cierto nivel el alumno necesita disponer del suyo propio, lo que supone un desembolso muy importante para las familias y debe hacerse en el momento adecuado.

El instrumento debe ser de una calidad adecuada al nivel real del alumno: uno demasiado básico le puede desmoralizar al no facilitar su progreso a medida que va avanzando, pero en otros casos puede que por el momento no se le esté sacando todo el partido a un instrumento más caro, y que el instrumento ya esté viejo cuando el alumno llegue a tener el nivel en el que realmente lo necesitaría. También hay que tener en cuenta que no todos los instrumentos son iguales, y que los hay que se devalúan desde el momento de su compra mientras que otros se revalorizan con los años. Todo esto son factores que influyen en la decisión acerca de cuándo y qué tipo de instrumento se debe comprar.

Un poco de disciplina

Puede quedar la sensación de que hasta ahora hemos mostrado una visión idealizada, dando por sentado que se trata siempre de alumnos implicados en el estudio y con una clara voluntad de progresar, algo que muchas veces no se cumple en la realidad. En ocasiones es necesaria una llamada de atención y hacer ver al alumno que no es suficiente con lo que está haciendo y que debe estudiar más tiempo o utilizarlo mejor, porque no sirve de nada una buena planificación y una excelente orientación del trabajo si este no se lleva a cabo.

Al igual que invertir muchas horas en un trabajo mal planificado o sin una intención concreta puede suponer una pérdida de tiempo, la mejor planificación puede quedar en papel mojado si el alumno no invierte el tiempo suficiente en el estudio. De ser así, es el momento de ponerse serios, pero hay que tener en cuenta que estas reconvenciones son mucho más efectivas si no se convierten en algo rutinario. Si de forma sistemática se dice a todos los alumnos que tienen que estudiar más —como un profesor de caricatura—, independientemente de sus circunstancias o de sus necesidades, llegará un momento en que este mensaje habrá perdido toda su eficacia y no será más que ruido de fondo. Es mucho mejor reconocer al alumno el trabajo bien realizado y llamarle la atención únicamente cuando sea necesario, de lo contrario perderemos su atención y todas nuestras observaciones caerán en saco roto.

"A veces me cuesta conseguir que tengan más autodisciplina y autonomía en sus hábitos de estudio y que aprendan a escucharse y a disfrutar con lo que están haciendo."
Profesor de viento de conservatorio profesional

La estructura de la clase

Para organizar el trabajo y aprovechar el tiempo de la clase propiamente dicha —muy breve en ocasiones— es importante mantener una estructura bien definida, que además servirá para transmitir al alumno la importancia que tiene una correcta división de la tarea, también en su estudio personal.

Por ejemplo, una clase de un instrumento de viento debería incluir:

■ **Ejercicios de sonido.** Incluyen ejercicios de respiración y de notas tenidas, octavas y cualquier otro intervalo. Sirven de calentamiento a la vez que mejoran la calidad de sonido.

- **Ejercicios de flexibilidad, agilidad y mecanismo.** Cualquier ejercicio relacionado con las escalas ayuda a alumno a dominar todas las combinaciones de digitación.
- **Estudios.** Permiten acercarse a los requerimientos técnicos del repertorio sin la necesidad de trabajarlos sobre el mismo.
- **Obras del repertorio.** Son la aplicación práctica de la técnica y el objetivo final de todo el trabajo anterior.

En una clase de un instrumento de cuerda podríamos seguir esta estructura:

- **Ejercicios para la mano izquierda.-** Incluyen ejercicios de cambio de posición, escalas, ejercicios de vibrato y ejercicios de dobles cuerdas, por ejemplo en terceras, sextas y octavas.
- **Ejercicios para el brazo derecho.-** Ejercicios básicos de golpe de arco, como el *detaché*, el *martelé*, el *spiccato*, el *legato* y el *staccato*.
- **Estudios.-** Existe un amplio repertorio de estudios muy variados que permiten una aplicación práctica de todo lo anterior.
- **Obras del repertorio.-** En estas toda la técnica queda al servicio de la expresión y de la interpretación de la obra.

Una clase de un instrumento de teclado podría organizarse de esta manera:

- **Ejercios de escalas y arpegios.** Son indispensables para poder automatizar las digitaciones propias de cada tonalidad y así poder utilizarlas den la interpretación de cualquier obra.
- **Estudio de la improvisación en diferentes tonos y de la lectura a primera vista.** Ayudan a mejorar la capacidad de respuesta y a dominar el teclado
- **Obras del repertorio pianístico.** Cuidar de que el tipo de sonido y el rango dinámico sean coherentes con el estilo del compositor y de su época.
- **Desarrollo y perfeccionamiento de la memoria.**

Aunque podamos tener la sensación de que no vamos a tener el tiempo suficiente para trabajar todo este material en una clase, sí se puede hacer si se consigue organizar una proporción adecuada entre las distintas secciones.

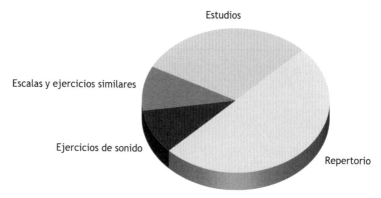

No se puede proponer un minutaje concreto para cada parte de la clase, al igual que no se puede decir de forma genérica cuánto tiempo de estudio necesitan los alumnos, como vimos en el capítulo anterior, pero sí se puede ir probando con cada alumno hasta ver cuál es la proporción entre los distintos tipos de estudio más adecuada para él. Estas proporciones podrán variar a lo largo del curso, o si surge algún tema concreto sobre el que se considera necesario insistir, pero es recomendable mantener siempre un mínimo de tiempo dedicado a cada tipo específico de trabajo. El hecho de atender siempre en cada clase cada una de las partes del estudio, aunque sea diferente el tiempo dedicado a cada sección, transmite al alumno el mensaje implícito de que todas son importantes y que en su estudio personal también debe respetar esta división del trabajo.

Con la práctica se consigue seguir esta estructura de la clase y del estudio personal de forma prácticamente automática, sin necesidad de recurrir a los apuntes o a la planificación que se haya hecho, pero es recomendable que un profesor que se inicia en el oficio preste atención a qué es lo que realmente quiere transmitir a sus alumnos en cada uno de los aspectos de su instrumento, y que en clase lo haga de forma ordenada. Más adelante podrá introducir variantes o cambiar el repertorio, pero todo ello sin cambiar el tipo de trabajo que ha planificado, a no ser que lo decida él mismo por algún motivo que lo justifique.

La finalidad de una buena estructuración de la clase es ofrecer al alumno una formación completa y equilibrada, que le refuerce en aquello en lo que es más hábil y a la vez compense sus carencias hasta hacer de él un instrumentista completo, siempre según sus aspiraciones y aptitudes. Esta estructura es igual de válida para aquellos estudiantes que desean buscar un futuro profesional con el instrumento como para aquellos que simplemente lo contemplan como una afición. En todos los casos, desde el aficionado hasta el profesional, el hecho de mantener un buen control del instrumento, equilibrado en todos los aspectos tanto técnicos como musicales, facilita su utilización como medio de expresión artística y posibilita una interpretación cómoda y concentrada en la intención musical más allá de los problemas y dificultades técnicas.

La organización de las tareas

Además de seguir una estructura bien planificada, al trabajar en clase o al estudiar en casa es siempre recomendable concentrar la atención en una sola cosa cada vez, en lugar de pretender abarcarlo todo a un tiempo. De lo contrario, unas tareas entorpecerán a otras, no se tendrá sensación de estar avanzando y probablemente lo que se consiga carecerá de una base sólida. Es mejor ir encadenando cada una de las tareas que nos van a ir acercando al objetivo final. Una vez que pensamos que hemos conseguido en un grado suficiente aquello que nos habíamos propuesto en un tema concreto podremos ir añadiendo las demás tareas de una en una hasta conseguir una interpretación completa y equilibrada de la obra.

Por ejemplo, al tocar una pieza por primera vez es difícil que el alumno consiga tocar todas las notas, a tempo, afinado, con calidad de sonido y un fraseo impecable —si lo logra solo nos queda felicitarle—. Lo más adecuado sería hacer un par de lecturas de la pieza para ver dónde están los pasajes difíciles y después trabajarlos; a continuación podríamos comprobar si la afinación está siendo correcta; una vez se consigue tocar la pieza de forma aceptable se puede pensar en cuál sería el fraseo más interesante de entre todos los posibles; con esa idea de fraseo es posible decidir con qué articulación, volumen y color de sonido quedaría mejor, y así sucesivamente.

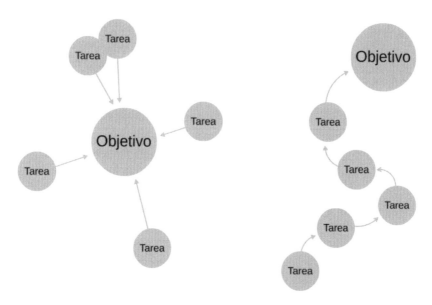

Cuando se trabaja en clase de forma organizada hay que saber reconocer al alumno cada uno de sus avances. Si el objetivo del ejercicio era tocar las notas con corrección y se ha conseguido, hay que decírselo antes de proseguir. De nada sirven observaciones del tipo "vale, ya tenemos las notas, pero estás desafinado" o "bien, estás afinado y tocas las notas pero es aburrido" si lo que le hemos pedido era precisamente que leyera bien todas las notas o que lo hiciera prestando atención a la afinación. Con comentarios negativos de ese tipo le estaremos transmitiendo que nunca es suficiente y que haga lo que haga jamás estará lo bastante bien. De esta manera perderá la perspectiva y pensará que no está progresando. Es mejor reconocerle el trabajo realizado y la mejora conseguida y a continuación proponer una nueva tarea.

Un aspecto importante acerca de la comunicación con los alumnos es el modo en que se empieza cada explicación. Siempre es aconsejable empezar con un comentario positivo antes de hacer correcciones, a fin de reforzar la autoestima del alumno y que se sienta recompensado por su esfuerzo. No se trata de engañarle ni de ocultar la realidad, sino de ayudarle a orientar su estudio desde un punto de vista positivo y a partir de algo en lo que se pueda sentir seguro, en lugar de hacerlo desde la sensación antes descrita de que nunca será suficientemente bueno nada de lo que haga. Seguro que se puede encontrar algo bien hecho en aquello que acaba de tocar y que se puede tomar como base para encaminar el estudio posterior. De esta forma, además, se estarán reforzando los pensamientos positivos y redirigiendo los negativos.

Este pensamiento positivo es un punto clave de la enseñanza de cualquier instrumento, porque lo que se debe lograr al final de todo el proceso de aprendizaje es que el intérprete pueda concentrarse, también en positivo, en aquello que quiere hacer y expresar con su instrumento, y no en evitar un posible error.

A qué se debe prestar atención en clase

Aunque siempre dependerá del criterio del profesor, hay una serie de aspectos básicos que se deben observar para tener una noción clara de los progresos de cada alumno, y que tenidos debidamente en cuenta sirven para orientar la clase y su contenido. Además de los apartados técnicos, que pueden diferir según las características de cada familia instrumental, existen ciertos criterios musicales que son comunes a todos los instrumentos y que se deben tener en cuenta para que esa técnica sea utilizada de una forma creativa.

En primer lugar, es recomendable conocer bien el funcionamiento real del instrumento para poder observar con rapidez los rasgos más significativos de la forma de tocar del alumno y poder proponer las mejoras que pensemos que le resultarán más eficaces. A continuación se deberá comprobar si la utilización que el alumno hace de su técnica —teniendo siempre en cuenta su nivel y edad— le permite tocar con comodidad.

En los gráficos y explicaciones de las páginas siguientes no trataremos de hacer un análisis exhaustivo del funcionamiento de cada instrumento, ni de describir la técnica correcta más allá de unos principios generales. La intención es únicamente ofrecer una guía rápida que sirva al profesor para poder hacer de un vistazo un chequeo completo sea cual sea el nivel del alumno, prestando atención preferente a aquello que es más importante en cada apartado. A partir de ahí cada profesor podrá hacer sus propias propuestas adaptándose a cada alumno. Al no tratarse más que una descripción general, centrada principalmente en los instrumentos de viento y de cuerda, cada uno deberá adaptarla a su instrumento concreto, y los instrumentistas de las demás familias deberían hacer un análisis similar para disponer de su propia guía para sus clases.

Es importante revisar regularmente todos y cada uno de estos principios básicos y comprobar que se están realizando con corrección, porque de lo contrario pueden quedar enmascarados algunos pequeños errores que a la larga podrían causar problemas que entorpecerían la evolución posterior. No es infrecuente dejarse llevar por la satisfacción que proporciona al profesor la trayectoria brillante de su alumno en ciertos aspectos, que puede esconder carencias en otros que deberían ser atendidas y corregidas, e incidir precisamente en esas virtudes. Si se incurre en este error no se le estará proporcionando una formación completa y equilibrada, y es muy probable que algún día aparezcan los problemas que permanecían ocultos.

La postura del cuerpo

Adoptar una buena postura es fundamental para poder tocar sin tensiones innecesarias y dominar el instrumento con soltura. Lo ideal sería conseguir una postura con la firmeza justa que permita controlar el instrumento pero a la vez tenga la relajación suficiente que permita libertad de movimientos y una respiración fluida.

Los principales puntos que se deben observar en cuanto a la postura del cuerpo son comunes a los instrumentos de todas las familias, y suponen la base de una técnica completa y equilibrada que permita tocar sin esfuerzo a la vez que ayuda a prevenir lesiones.

La posición del tronco debe estar centrada y se debe sentir que se apoya correctamente en las caderas. Esto permite mantener la estabilidad a la vez que proporciona una buena libertad de movimientos al mantener la columna flexible. Si, por el contrario, se produce una desviación involuntaria hacia un lado los músculos del tronco estarán haciendo constantemente correcciones para mantener la postura, lo que nos puede cargar de una tensión innecesaria. Es recomendable cuidar la colocación del cuerpo tanto en posición sentada como de pie —excepto obviamente en los instrumentos de teclado—. Aunque los principios generales sean similares, las sensaciones son algo diferentes. Por ejemplo, al tocar de pie tenemos mayor libertad de movimientos, mientras que al tocar sentado se consigue más estabilidad y es más fácil sentir el apoyo del aire sobre el diafragma al respirar, con lo que la emisión del sonido se ve facilitada en los instrumentos de viento y puede servir como un elemento de relajación en todos los demás.

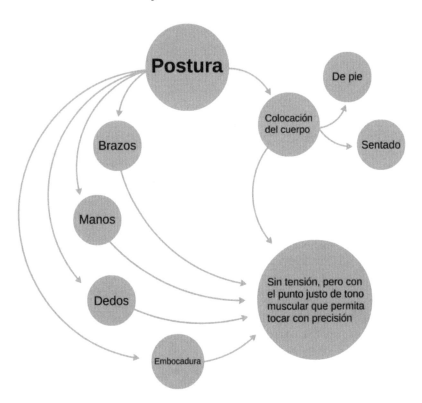

Al tocar, el instrumento debe aproximarse al cuerpo —y en el caso de los de viento a la embocadura— de la forma más natural posible. Para eso es importante que los brazos, las manos y los dedos mantengan una posición relajada y sin ángulos forzados. Es imposible hacerlo con una relajación total, porque el instrumento se nos caería de las manos, pero es importante hallar el grado justo de tensión que nos permita sujetar el instrumento y tocar con él, y que esta tensión se ejerza exactamente en los puntos necesarios.

En muchos instrumentos, como los de cuerda o la flauta travesera, dadas sus características, no es posible mantener la simetría entre los dos lados del cuerpo, lo que puede provocar problemas más fácilmente.

En este caso se debe prestar atención a que esta asimetría no cause tensiones innecesarias. Es conveniente hacer estiramientos y ejercicios complementarios que fortalezcan la musculatura del lado del cuerpo que menos esfuerzo realiza con el instrumento.

A partir de cierto nivel, en el que se dedica más tiempo al estudio y la intensidad del trabajo es mayor, es recomendable hacer periódicamente una visita a un fisioterapeuta especializado en músicos para que elimine la tensión acumulada y compruebe que se está manteniendo una correcta higiene postural.

La clase de los instrumentos de viento

Funcionamiento del instrumento

Los aspectos básicos que conforman el sonido de un instrumento de viento y de qué factores depende cada uno de ellos se puede describir de esta manera:

- **Volumen** o intensidad. Depende de la cantidad de aire que llega a la boquilla o a la caña del instrumento. Se regula variando el apoyo que se ejerce sobre el diafragma.
- **Altura** o frecuencia. La altura del sonido varía según la combinación de varios factores:
  - La digitación empleada. En los instrumentos de viento madera se modifica la longitud acústica del instrumento abriendo o cerrando los agujeros, mientras que en los de metal se cambia la longitud real haciendo que el aire pase por uno u otro circuito de tubos. Además según sea la digitación empleada. Además, en los instrumentos de metal se obtienen varias notas diferentes con una misma posición al producir distintos armónicos variando la presión del aire.
  - La velocidad del aire. Tanto en los instrumentos de metal como en los de madera una correcta velocidad del aire ayuda a mantener la estabilidad de las notas. Hay que tener en cuenta que esta velocidad es diferente en cada una de las tesituras.
- **Color**. Está condicionado por el material con que esté construido el instrumento, y también la caña o la boquilla. Se puede modificar con movimientos de la embocadura

■ **Amplitud**. Depende de la correcta emisión de los armónicos que conforman el sonido y se puede potenciar buscando una mayor resonancia en la garganta.

La respiración

La respiración es la base de la producción del sonido de cualquier instrumento de viento, y es también una parte importante de la técnica de los instrumentos de las demás familias, principalmente como base de muchos ejercicios de relajación.

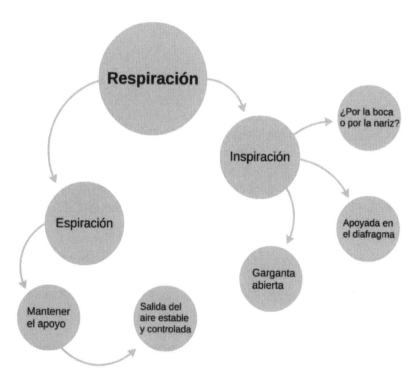

Inspiración. Al tomar aire se debe facilitar su entrada en los pulmones manteniendo la garganta abierta y evitando sonidos de fricción del aire al rozar contra sus paredes, a modo de ronquidos. Esta posición de la garganta también facilitará la emisión del sonido al preparar una buena caja de resonancia que garantizará que se pueda proyectar con toda su riqueza de armónicos.

La opción de inspirar por la nariz o por la boca queda a discreción del que toca, aunque lo cierto es que al hacerlo por la boca se toma mayor cantidad de aire en menos tiempo. Hay quienes prefieren respirar por la nariz para no tener que volver a colocar la embocadura después de cada respiración, o buscando una respiración más relajada y con un mejor apoyo en el diafragma, pero con un poco de práctica se puede conseguir el mismo apoyo y la misma relajación con una inspiración por la boca, con la ventaja de poder respirar en menos tiempo. Un problema que tiene el respirar sistemáticamente por la nariz es que no permite hacer una respiración rápida, y que en ocasiones puede ser ruidosa. Además, el mantener la embocadura siempre fija, incluso en el momento de respirar, priva a esta de los necesarios momentos de relajación.

La inspiración por la boca permite, por otra parte, respirar según el tempo de la música. Al tomar aire un pulso antes de atacar la primera nota —o una fracción de pulso si se trata de una entrada en anacrusa— se consigue más precisión. Incluso se puede gestionar la forma en que entra el aire durante ese pulso según sea el carácter de la música. Por ejemplo, respirar por igual durante todo el pulso completo puede ser lo ideal para un movimiento lento y expresivo, mientras que una inspiración más repentina al principio con una breve pausa después es más adecuada para conseguir un carácter enérgico.

Espiración. El apoyo en el diafragma, conseguido con una buena inspiración, debe mantenerse también durante la espiración. De esta forma se conseguirá un sonido estable que se mantenga sin variación aun cuando se cambie de nota, y dará seguridad a todo el fraseo. Si, por el contrario, se pierde este apoyo, será necesario corregir cada nota con la embocadura, lo que perjudicará a la continuidad del sonido y producirá desigualdad entre las distintas tesituras. La acumulación de este tipo de correcciones es la causa de muchos problemas de tensión que se habrían prevenido con una buena técnica de respiración.

Al espirar se puede variar la cantidad de aire que sale de los pulmones —y con ello el volumen del sonido— ejerciendo un mayor o menor apoyo sobre el diafragma, pero en ningún caso se debe perder la sensación de que la respiración mantiene un apoyo estable y controlado.

El sonido

La calidad del sonido depende en gran medida de disponer de una técnica de respiración correcta, y se caracteriza por tener una emisión estable y afinada, un buen timbre y también por hacer un correcto aprovechamiento de las posibilidades de articulación.

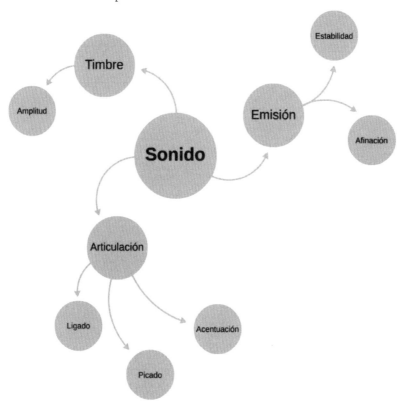

Emisión. La estabilidad del sonido es una de sus características más importantes, puesto que sin ella es difícil mantener la homogeneidad del fraseo. Muchas veces se cae en el error de pretender corregir cada nota con la embocadura lo que produce un efecto muy artificioso, además de ser mucho más cansado para el instrumentista. Este concepto de estabilidad de la emisión se refiere tanto la igualdad del sonido entre los distintos registros como a la homogeneidad entre las notas de una misma frase. Un error muy común entre los principiantes es dar un golpe de aire a cada nota, costumbre que debe ser corregida cuanto antes para prevenir problemas en el futuro. También se deben evitar los cortes en el sonido debidos a un cambio brusco de digitación o de tesitura. En ambos casos debe reforzarse el apoyo del aire sobre el diafragma para compensar estas diferencias.

Además de ser estable el sonido debe estar afinado. La afinación también depende del mecanismo de emisión y un buen apoyo en el diafragma garantiza una base sólida, pero esto no es suficiente en determinadas tesituras porque es necesario adecuar la velocidad del aire a cada una de ellas. Las notas agudas necesitan más velocidad que las graves —recordemos el ejercicio de *La pared de enfrente* del capítulo 2—, y si no se tiene en cuenta es fácil que el alumno pretenda estabilizar las notas agudas apretando con la embocadura, lo que producirá un sonido más estrecho y una forma de tocar más crispada.

Timbre. El color del sonido, además de estar condicionado por el material del instrumento y de la boquilla o de la caña, depende del control que sobre esta se ejerza con la embocadura. La finalidad de la embocadura es facilitar la entrada del aire en la boquilla o la caña de forma natural y con la tensión justa para evitar pérdidas. Pero además, estirando los labios o redondeando su forma y variando el grado de presión que ejercen, se puede cambiar el color del sonido al variar la proporción entre sus armónicos, amortiguando unos y potenciando otros. De esta forma se enriquecen las posibilidades expresivas del instrumento al permitir jugar con el color del sonido además de con su intensidad. Por ejemplo, un *pianissimo* puede verse complementado por un color de sonido más oscuro presionando ligeramente con las comisuras de los labios, mientras que una embocadura más abierta puede potenciar el *forte* con un sonido más amplio.

Articulación. Al tocar es muy útil comparar la articulación de las notas con cómo las pronunciaríamos si se tratara de una pieza cantada. Esto, además ayuda a leer mejor a primera vista. Dentro de la articulación podemos observar tres variables: el ligado, el picado y la acentuación.

■ Al tocar un pasaje de notas ligadas se debe buscar una unión lo más flexible posible entre ellas, evitando golpes o cortes en el sonido y sin cambiar el apoyo sobre el diafragma, tal y como haríamos sobre una única nota larga.

■ Cuando tocamos picado, por otro lado, debemos pensar si este debe ser más o menos marcado —como al pronunciar una *T* o una *D*—, y si deseamos dejar una mayor o menor separación entre las notas, desde el *staccatto* hasta el *picado-ligado*.

■ La acentuación, por último, se consigue al simultanear el cambio de nota con un golpe de aire enviado desde el apoyo en el diafragma. Puede utilizarse con cualquiera de los tipos de picado, según se desee una pronunciación más o menos marcada, o incluso sobre notas ligadas, aunque es menos frecuente.

La digitación

La técnica de digitación es completamente diferente entre los instrumentos de viento madera y los de viento metal. En los primeros se cambia la longitud acústica del tubo al abrir y cerrar los agujeros, con lo que se varía la altura del sonido y se consigue una nota con cada posición, aunque haya notas que se pueden conseguir con varias digitaciones diferentes. Como vimos más arriba, cada posición de los dedos debe complementarse con una velocidad de aire adecuada a la tesitura en que se esté tocando. Estos instrumentos —excepto la flauta— disponen además de llaves de octava o portavoces que posibilitan la obtención de las notas agudas.

Los instrumentos de metal, por el contrario, consiguen varias notas diferentes con cada posición al cambiar el armónico producido variando la presión del aire y con ello su velocidad. Su mecanismo de digitación es más simple que el de los instrumentos de viento madera —incluso el trombón de varas carece, obviamente, de digitación propiamente dicha—.

Al trabajar el movimiento de los dedos deben tenerse en cuenta los parámetros de pulsación, agilidad, regularidad y velocidad.

Pulsación. La pulsación de los dedos sobre el instrumento debe ser precisa pero sin tensión. Una vez que el dedo ha bajado para activar la correspondiente llave o válvula debe permanecer en posición relajada, al igual que el dedo de un pianista después de haber pulsado una tecla. De nada sirve mantener el dedo apretado contra la llave, basta con que se mantenga sobre ella por su propio peso. De lo contrario se estará incrementando la tensión de forma innecesaria.

Una pulsación natural viene condicionada por una buena colocación de los brazos y de las manos, puesto que cualquier ángulo extraño en estos producirá una posición forzada en los dedos para corregirlo.

También debe procurarse que el movimiento de los dedos sea en la medida de lo posible independiente del de las manos, a fin de conseguir la suficiente agilidad.

Agilidad. Una digitación ágil proporciona la habilidad para tocar fácilmente cualquier combinación razonable de notas. Además de verse favorecida por una buena pulsación, se puede trabajar de forma muy eficaz con ritmos diferentes sobre un patrón de notas, como una escala, un arpegio o cualquier ejercicio de mecanismo.

Regularidad. Cada nota tiene su propia digitación, y no todas son de la misma dificultad. Aunque no sea posible lograrlo plenamente, se debe trabajar la digitación para que el paso entre las notas sea fluido y no sean perceptibles para el espectador las posiciones más difíciles y se pueda tocar sin cortes y sin disminuir la velocidad. La regularidad se trabaja muy bien con ejercicios de series de escalas con el metrónomo, además de con ritmos diferentes.

Velocidad. La velocidad del movimiento de los dedos, aun siendo una necesidad importante para poder tocar cierto repertorio, debe estar supeditada al dominio de los anteriores tres factores. Sin una pulsación correcta y fluida es muy difícil llegar a tocar con velocidad, y si se logra probablemente será a costa de aumentar mucho la tensión muscular. Por otro lado, si a pesar de tener una buena pulsación no se posee la agilidad suficiente para dominar las posiciones difíciles con regularidad, el trabajo de la velocidad será frustrante. El estudio con metrónomo es importante, pero aún lo es más el estar atento a todo lo anterior.

La clase de los instrumentos de cuerda

Dado que la mayoría de los violinistas y violistas estudian de pie, es de especial importancia cuidar de que el cuerpo entero esté libre de tensión, no solo la mitad superior. Para ello es necesario observar si el tono muscular es el correcto desde la punta de los pies hasta el apoyo de la cabeza en la mentonera, pasando por la colocación y movimientos de los brazos. Por ejemplo, muchos instrumentistas tienden a bloquear las piernas a nivel de la articulación de las rodillas, provocando así una tensión que acaba extendiéndose y provocando tensiones en el tronco y, muy especialmente, en el brazo y mano izquierdos.

Los violonchelistas, por otra parte, tendrán que vigilar que la columna se mantenga siempre erguida para evitar que la zona lumbar se hunda, y también para que sirva de soporte natural a la cabeza, que debe sentirse ligera y sin tensión. También deberán cuidar de que el ángulo del instrumento con respecto al cuerpo sea el correcto, permitiendo que el tronco se mantenga erguido y con el tono muscular correcto. De esta manera conseguirán tener ambos brazos libres de tensión y así conseguir una técnica fluida.

El instrumento

El tamaño del instrumento.- Es de la máxima importancia que el instrumento propiamente dicho sea del tamaño correcto para la edad y morfología del alumno. De no ser así, se podrían desencadenar una serie de problemas relacionados con la acumulación de tensión en el cuerpo, que a medio plazo impedirían tocar el instrumento de una forma fluida.

Mentoneras y almohadillas.- En el caso de los violinistas y violistas, merece una atención especial cuidar que el alumno esté bien equipado con una mentonera y una almohadillas que se ajusten a su fisionomía particular. Por ejemplo, en muchas ocasiones se pueden observar problemas de movimiento poco fluido de la mano izquierda debidos a una mentonera o a una almohadilla mal adaptadas al cuerpo, que pueden provocar que la cabeza esté muy inclinada hacia delante, rompiendo así el alineamiento entre la espalda, el cuello y la cabeza. En otros casos, y debido al mismo problema se puede observar que la posición del arco está desviada cuando el alumno intenta ejecutar un arco largo desde el talón hasta la punta. También se pueden provocar problemas como tensión en la mano izquierda, hombro izquierdo excesivamente crispado, durezas en los trapecios, sonido tenso y poco fluido o que la cabeza esté excesivamente inclinada hacia adelante.

Las manos

La mano izquierda.- Los factores básicos que se deben cuidar y que en gran medida dependen de un uso correcto de la mano izquierda son la afinación, los cambios de posición y la fluidez al realizarlos, la articulación, el vibrato y la destreza al tocar pasajes rápidos. Una buena posición del codo izquierdo también juega un papel importante a la hora de encontrar un buen equilibrio en esta mano.

- **Articulación.**- Si los movimientos de los dedos de la mano izquierda están liberados de tensiones innecesarias, será más fácil realizar la acción de articular con una sensación de libertad y ligereza. Es importante que el pulgar esté bien alineado y, sobre todo, se debe evitar el reflejo de querer sujetar y apretar el mango del instrumento, acción que impediría la fluidez de movimientos de subir y bajar por el batidor.

- **Afinación.**- Una vez conseguido que la mano izquierda esté aceptablemente equilibrada y libre de tensión, la adquisición de una afinación precisa dependerá en gran medida del trabajo diario que se haga estudiando escalas y ejercicios similares. El estudio de las escalas también permite desarrollar la capacidad de corregir una afinación defectuosa mediante el ejercicio de la escucha activa.

- **Vibrato.**- El vibrato enriquece la paleta de colores del instrumentista de cuerda y le permite dar más amplitud a su sonido, todo lo cual puede ser utilizado para transmitir toda la emoción musical de la obra interpretada. Un vibrato correcto dependerá principalmente de conseguir un buen equilibrio corporal, en el que tanto el brazo izquierdo y sus articulaciones como las articulaciones de los dedos se sientan libres. El movimiento básico para realizar el vibrato en un instrumento de cuerda es mediante un constante vaivén de las yemas de los dedos sobre la cuerda mientras se mantienen todas las falanges libres. Se puede conseguir un movimiento regular mediante un trabajo de ritmos y velocidades distintas hasta llegar a un movimiento fluido y automático.

■ **Cambios de posición.**- En este aspecto también también será muy importante mantener la mano libre de crispación para poder realizar el desmangue con soltura. Al realizar este movimiento es primordial asegurarse de que el pulgar no esté apretando el mango, ayudando así a mantener la mano sin tensión y permitiendo que los dedos prácticamente floten por encima de la cuerda durante el cambio.

La mano derecha.- Los factores básicos que habría que vigilar son la colocación de los dedos encima de la vara, la relación entre el punto de contacto, el peso y la velocidad, la independencia del antebrazo con respecto a la mano y la correcta realización de los diferentes golpes de arco.

■ **Colocación de los dedos.**- Es importante que todos los dedos estén bien equilibrados entre sí. A veces se puede observar que el dedo índice está demasiado apartado del resto de los dedos, lo cual puede desencadenar un bloqueo a nivel del nudillo del índice, que podría producir una tensión generalizada en la mano. Para los violinistas y violistas es de primordial importancia que el dedo meñique esté bien redondeado, puesto que si se mantiene excesivamente estirado se suele provocar que el dedo pulgar quede crispado en lugar de adoptar una forma redondeada al nivel de la primera articulación, y que en general toda la mano quede tensa.

■ **Los golpes de arco.**- La correcta ejecución de cualquiera de los diferentes golpes de arco básicos dependerá en gran medida de la correcta relación entre el peso que se ejerce con el arco sobre la cuerda, el punto de contacto con la misma y la velocidad con la que se mueve. Es fundamental cuidar que el movimiento del antebrazo sea el correcto, porque de ello depende directamente la realización de casi todos los golpes de arco. Si el antebrazo no tiene independencia con respecto a la parte superior del brazo se podrá observar fácilmente cómo el arco se desvía de su punto de contacto idóneo, y cómo el instrumentista intenta corregir y realizar la acción activando su hombro derecho, lo que da lugar a un sonido de poca calidad y proyección.

■ **El sonido.**- Para que el sonido sea de calidad se debe observar si existe una relación correcta entre el punto de contacto, el peso y la velocidad con la que se mueve el arco sobre la cuerda, según las necesidades del momento musical.

> "Para conseguir un sonido amplio y con la densidad adecuada no es necesario agarrar el arco con mucha fuerza. Procura que tu brazo esté libre de tensión y que las cuerdas simplemente reciban su peso. Cuida también de no elevar excesivamente el hombro derecho."

Los aspectos musicales

Todos los instrumentos son un medio para transmitir al espectador un mensaje musical, ya sea solos o formando parte de un conjunto. Por eso no haremos distinción entre las familias instrumentales al hablar de los aspectos musicales. Toda la técnica adquirida debe estar al servicio de esa idea musical, que debe producir en quien está escuchando las sensaciones sugeridas en la partitura y mostrar las ideas y la interpretación personal del instrumentista.

La música es el único arte que no se reproduce, sino que se recrea cada vez que un intérprete toca la partitura. Un cuadro, una escultura o una película se pueden contemplar muchas veces y en cada una de ellas será posible encontrar algo nuevo, pero no dejarán de ser los mismos objetos que se ofrecen a la mirada del espectador, que es la que puede cambiar cada vez según su bagaje de experiencias. En cambio, cada vez que un músico toca una pieza la está recreando con cambios más o menos sutiles derivados también de su experiencia anterior, lo que enriquece su interpretación. Desde los inicios con el instrumento se puede velar porque los alumnos cuiden su interpretación, aun tratándose de obras muy simples, la adecuen al estilo y al carácter de cada pieza y, en la medida de lo posible según su nivel y edad, aporten su idea personal.

Aunque resulte imposible resumir en unas pocas páginas todo lo que está incluido en el campo de la interpretación, también intentaremos ofrecer en este ámbito una guía que sirva al profesor para verificar los progresos de sus alumnos. En este caso no se han diferenciado las familias instrumentales porque, como se ha dicho más arriba, todos los instrumentos son herramientas para elaborar el mensaje musical y todos ellos tienen el mismo objetivo: comunicarse con el público.

Hemos dividido la parte musical de la práctica del instrumento en cuatro temas: tempo, articulación, volumen y fraseo. Aunque los tres primeros tienen un claro componente técnico, aquí serán tratados en su faceta de aplicación a la interpretación, y no únicamente como materia de estudio.

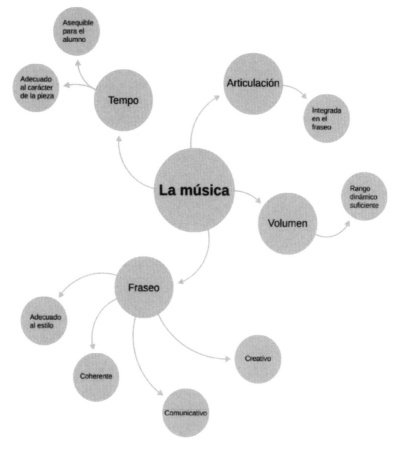

Tempo. Deberá cuidarse de que el tempo de la obra sea adecuado a su carácter, pero además deberá ser asequible para el alumno según sus habilidades actuales. Debe poder tocarla con suficiencia y control, porque si pretende hacerlo a una velocidad excesiva no podrá fijarse en la interpretación, y se limitará a hacer de la pieza un ejercicio de dificultad. Al igual que en el estudio de la técnica, una base sólida a velocidad moderada es el fundamento de una buena interpretación.

Articulación. Al igual que el tempo, la articulación utilizada en la obra debe ser la adecuada según sea su estilo, con el grado justo de pronunciación de las notas que la haga coherente con el fraseo.

Volumen. El rango dinámico debe ser suficiente para que el fraseo pueda entenderse con claridad y permitir tocar tanto en el papel de solista como de acompañante o formando parte de un grupo.

Fraseo. El término *fraseo* resume el modo en que se utilizan todos los recursos técnicos para dar un sentido musical a lo escrito en la partitura. Cuando leemos un texto escrito en un idioma que conocemos no nos limitamos a pronunciar las palabras y a respetar los signos de puntuación, sino que le damos cierta entonación según sean las frases, porque sabemos exactamente lo que quieren decir. Al leer de esta manera no estamos simplemente reproduciendo los sonidos representados por las letras sino que interpretamos estas según el significado de las palabras que forman, y las palabras, a su vez, ocupan un lugar determinado dentro de la frase. Si pretendemos leer un texto en un idioma que desconocemos es muy difícil que lo hagamos con corrección, aunque utilice la misma grafía que el nuestro y sus palabras tengan una pronunciación similar, porque no sabremos qué es lo que estamos diciendo.

Una partitura ofrece mucha información en cuanto a la altura, duración y volumen de los sonidos, e incluso acerca del carácter, la dinámica y otros parámetros musicales, pero es materialmente imposible que describa completamente cómo debe sonar la música. La función del instrumentista es saber interpretar esa información y darle un sentido artístico y comunicativo.

Se puede empezar a hacer música desde cualquier nivel y con cualquier material —recordemos una vez más las notas largas con las que

Corelli probaba la capacidad expresiva de los músicos de su orquesta—, no es necesario esperar a tener un gran nivel y controlar perfectamente el instrumento. Los progresos en la técnica nos irán proporcionando las herramientas para poder expresarnos con mayor facilidad en un repertorio más complicado, pero la idea principal, hacer música, debe estar presente desde el comienzo del aprendizaje.

Podríamos resumir la idea de un fraseo interesante como la de aquel que aúna cuatro características:

- Ser fiel al estilo de la obra.
- Ser coherente a todo lo largo de la misma.
- Tener capacidad comunicativa.
- Ofrecer una versión creativa y personal de la obra.

Aunque siempre se dispone de cierto grado de libertad para interpretar la música, existen en cada estilo musical convenciones y formas de hacer que se deben respetar. En los libros dedicados a los debutantes se suelen alternar piezas lentas y rápidas, alegres y serias, de forma que desde el principio se puede animar a los alumnos a que encuentren el sentido a cada pieza y le den el carácter que necesita, según les permita su dominio del instrumento en ese momento.

Una vez decidido el carácter que se le quiere dar a la obra este debe mantenerse de una forma coherente durante toda su duración, evitando fraseos fuera de contexto. Por ejemplo, una determinada frase puede admitir cierta variación cuando se repite, por ejemplo en la reexposición, pero sin cambiar drásticamente su carácter, porque dejaría en quien escucha una sensación poco clara de la idea musical. Un factor en ocasiones determinante que provoca un cambio involuntario del carácter de una pieza es la resistencia. Puede ocurrir que una frase bellísima al principio de la obra, en la que podemos mostrar toda nuestra capacidad expresiva, se convierta en un reto puramente físico al volver a aparecer tras varios minutos de tocar sin interrupción, debido al cansancio acumulado. Si por este problema cambiamos el fraseo, éste resultará incoherente. La solución es ir previendo este factor de riesgo y disponer las respiraciones suficientes para llegar confortablemente a la frase y poder volver a tocarla como al principio. También se puede pensar la interpretación de la primera vez que aparece como si fuera la última.

Por ejemplo, probablemente se podrá tocar toda la frase sin interrumpirla con una respiración, algo que quizá sea imposible cuando vuelva a aparecer al final. Lo más inteligente será respirar también la primera vez para mantener la coherencia en las dos frases.

Todo el análisis que hayamos hecho de la obra y las decisiones que hayamos tomado en cuanto a su interpretación se pueden quedar en nada si el fraseo no es claro o no tiene el suficiente volumen y rango dinámico como para llegar al público. Hay que tener en cuenta las condiciones de la sala para que el fraseo llegue con facilidad al espectador y este comprenda la intención de cada frase y la relación de estas entre sí. Aunque se busque siempre un fraseo largo y coherente, las frases deben estar bien delimitadas para que el mensaje se comprenda con claridad, cada una tiene que ocupar el lugar que le corresponde y se deben utilizar las respiraciones y la articulación como los signos de puntuación de un texto. De esta forma conseguiremos mostrar toda nuestra capacidad comunicativa.

Fomentar la creatividad debe ser una de las prioridades de quien está enseñando a otros a utilizar un instrumento como un medio de expresión artística. Aunque, como hemos dicho en la página anterior, hay una serie de convenciones que hay que respetar en cada estilo, sin la aportación personal de cada intérprete la música pierde gran parte de su interés. No existe una única manera de tocar una pieza —incluso las más sencillas—, y animar al alumno a elegir entre varias interpretaciones correctas, o estimularle para que proponga una propia es la mejor manera de enseñarle para qué sirve un instrumento.

No olvides que tú —o tus alumnos— dispones de toda la información acerca de cómo quieres tocar la obra, su fraseo y su carácter, pero el público no. Puede que pienses que tu fraseo es suficientemente claro, pero procura tener una ligera sensación de que lo estás exagerando, para que los demás lo entiendan sin dificultad. Piensa que tú sabes lo que va a ocurrir, pero quien te está escuchando no se lo espera.

5

LAS PRIMERAS CLASES

Las clases de las primeras semanas son fundamentales, porque en ellas el alumno puede comprobar si el instrumento es tal y como lo imaginaba y si sus expectativas estaban fundadas, descubre cuál es su sonido real y cuánto esfuerzo le puede costar tocar con él. Un alumno de corta edad o su familia probablemente no sean conscientes de la importancia de este primer contacto con el instrumento, pero es un factor muy a tener en cuenta por el profesor para no condicionar la motivación del alumno de forma negativa.

Por otra parte, hay que tener en cuenta que muchos alumnos empiezan con su instrumento porque es el que desde siempre habían querido tocar, pero muchos otros lo hacen siguiendo el gusto de sus padres, o simplemente porque es el instrumento en el que quedaban plazas libres en su escuela. En todos los casos las primeras clases son primordiales para estimular el interés del alumno y reforzar sus ganas de aprender.

La mayoría de los alumnos están deseando aprender y empezar a tocar cuanto antes. No hay que tener miedo de pedirles cosas relativamente difíciles para ellos —con las debidas precauciones para no crearles confusión—, porque bien dosificadas son las que les estimulan y les hacen avanzar. En todo caso el profesor tiene que cuidar de que vayan sentando unas bases sólidas que sustenten todo su aprendizaje posterior a la vez que sacian sus ganas de tocar. Es difícil encontrar el equilibrio justo entre tocar lo que le gusta al alumno y seguir avanzando pieza tras pieza porque eso es lo que más le motiva y detenerse a trabajar aquello que realmente necesita para seguir progresando, máxime cuando cada alumno tiene unos gustos y una capacidad de trabajo diferentes.

En la mayoría de los actuales métodos de iniciación para cualquier instrumento se respeta una adecuada secuenciación de contenidos, y la dificultad de los mismos se va incrementando progresivamente desde iniciación hasta niveles más avanzados, pero no es sencillo fijar un tiempo determinado para cada uno de los aspectos básicos que se deben trabajar al principio del todo, en las primeras clases, antes incluso de poder empezar con cualquiera de esos métodos. A esas primeras sesiones están dedicadas las siguientes páginas.

Si se observa atentamente, se puede ver que en las clases de las primeras semanas ya aparecen todos los grandes temas de la técnica del instrumento, aunque sea con las notas más fáciles, como son:

- La colocación del cuerpo y sujeción del instrumento.
- La respiración, en los instrumentos de viento.
- La embocadura.
- La emisión.
- La articulación del sonido.
- La digitación.

Serán solamente unos pocos los conceptos realmente nuevos que aparezcan más adelante —vibrato, dobles cuerdas, extensión de la tesitura, doble picado, etc.— pero los pilares básicos se sientan ya en estas primeras semanas. A partir de ahí se tratará básicamente de seguir un proceso de evolución y de desarrollo de lo ya conocido, de ahí la importancia de las primeras clases.

Pero, por otro lado, no se debe caer en el error de no ir avanzando mientras no se consiga realizar perfectamente aquello que se está trabajando, porque si se hace es muy fácil provocar el desánimo del alumno, que puede pensar que no está progresando nada a pesar de sus esfuerzos. Es mejor utilizar un cierto margen de flexibilidad en cuanto a la exigencia, como el descrito en el capítulo 3. De esta manera se estará progresando con el camino correcto y el alumno será plenamente consciente de su avance.

En las escuelas de música se suele empezar alrededor de los siete u ocho años de edad, y se pueden aprovechar las ganas de jugar y de experimentar propias de esa edad para que se interesen por el instrumento. Toda la información que reciban debe ser clara para los alumnos y por ahora no hace falta que sea exhaustiva, pero sí correcta y formulada con un lenguaje que les resulte fácilmente comprensible. Si el alumno es de más edad la forma de dar las mismas explicaciones será necesariamente diferente, así como la secuenciación de los contenidos y su duración.

Teniendo en cuenta, una vez más, que está siempre en manos del profesor el adaptar todo lo dicho aquí según su propio criterio y los alumnos que tenga, en las páginas siguientes propondremos una serie de consejos acerca de lo que se debe trabajar en las primeras semanas de clase de instrumento, a fin de hacerlo de forma completa y ordenada.

La secuenciación propuesta se puede adaptar a cada caso. Por ejemplo, lo que aquí se propone como contenido de la clase de una semana se puede extender a varias, pero manteniendo el orden de los temas a trabajar y buscando un equilibrio que permita dedicar un tiempo a cada tema sin aburrir al alumno. También se pueden acortar los plazos si, por el contrario, comprobamos que el alumno asimila fácilmente lo aprendido.

Las primeras clases en los instrumentos de viento

Primera semana

La primera semana supone la toma de contacto del alumno con el instrumento. Aunque ya lo haya escuchado antes o haya tenido la ocasión de probarlo en alguna presentación o muestra de instrumentos, este es el momento en que puede dedicar un tiempo a saber cómo es realmente.

No está de más una explicación y una pequeña demostración por parte del profesor, pero sin olvidar que lo que el alumno quiere es tocar él mismo. Aunque este es un buen objetivo para estimular al alumno desde la primera sesión, el contenido de esta debería ser:

- Sencilla explicación sobre el instrumento y su funcionamiento, con algún ejemplo tocado por el profesor o alguna grabación. Cómo se monta y cómo se guarda en el estuche.

■ Ejercicios básicos de respiración, tanto de inspiración como de espiración, sin el instrumento ni la boquilla.

Segunda semana

El objetivo de esta segunda clase es empezar a afianzar la técnica de respiración, a la vez que se dan unas nociones básicas sobre la embocadura:

■ Repaso de los ejercicios de respiración de la semana anterior.
■ Explicación sobre la colocación de la embocadura. Ejercicios de embocadura sin la boquilla o la caña y sin respirar.
■ Ejercicios de embocadura con la boquilla o la caña, sin respirar.
■ Respirar e intentar tocar una nota soplada (sin articular).

Muy probablemente el alumno cambie completamente la colocación de su respiración al intentar hacer sonar la boquilla. Es normal, porque la coordinación de estos dos gestos —embocadura y respiración— resulta más complicada de lo que parece a simple vista. Desde este momento empieza la labor del profesor para tener paciencia, por un lado, y por otro decidir en qué medida puede dar por bueno lo conseguido por el alumno.

Aunque los temas de estas dos primeras clases hayan sido únicamente la respiración y la embocadura no está de más que al acabar cada una de las sesiones el alumno pruebe a tocar alguna nota con la boquilla o con el instrumento. Seguramente no lo hará bien —aún no ha aprendido a hacerlo—, pero se irá contento, tendrá algo que contar en casa y querrá volver la semana siguiente.

Tercera semana

En esta tercera sesión, si todo ha ido bien, podremos introducir un nuevo concepto, la articulación, cuidando de que interfiera lo menos posible en los dos anteriores:

- Repaso de los ejercicios de respiración de la primera semana.
- Repaso de los ejercicios de embocadura de la semana anterior.
- Tocar varias notas largas sin articular.
- Explicación acerca de la articulación de las notas con la lengua.
- Tocar una nota larga picada.
- Tocar varias notas picadas, como un ritmo de corcheas.
- Tocar varios ritmos sencillos articulando con la lengua.

Al final de esta segunda clase el alumno se irá a casa pudiendo jugar a improvisar ritmos con la articulación con boquilla o la caña.

> "A muchos alumnos les cuesta hacer sonar la nota picándola al principio, porque no coordinan todavía los movimientos del aire y de la embocadura. En ese caso pídeles que la toquen soplada y que la articulen una vez que la nota ya está sonando. Así entenderán mejor el movimiento y después se les hará más fácil el picado inicial."

Cuarta semana

Ya ha llegado el momento de probar con el instrumento. En esta clase se trata básicamente de repetir los ejercicios de la semana anterior pero con el instrumento en lugar de solamente con la boquilla, intentando tocar algunas de las notas más fáciles de conseguir:

- Repaso de los ejercicios de respiración.
- Repaso de los ejercicios de embocadura.
- Algunas notas largas con la boquilla o la caña.
- Explicación sobre la colocación del instrumento y sobre cómo se sujeta con los brazos, las manos y los dedos.
- Una nota larga, preferiblemente la de emisión más fácil.
- Ritmos diferentes sobre esa nota, como en los ejercicios de la semana anterior.
- Otra nota larga diferente. Distintos ritmos sobre ella.
- Intentar tocar las dos notas sucesivamente sin cortar el sonido.

Se puede prolongar el ejercicio añadiendo más notas, con cuidado de no complicarlo demasiado. También se puede pedir que se articule cada cambio de nota o que no se haga, con lo que se va introduciendo el concepto del ligado.

Como vemos, en estas cuatro sesiones ya se han tocado todas las cuestiones principales —respiración, embocadura, emisión, articulación y digitación— en su nivel más básico, y ya podemos empezar a trabajar con nuestro libro o método favoritos. Es muy probable que durante estas semanas un determinado tema interfiera con otros y sea preciso detenerse o volver atrás para asentar bien la técnica, y que en lugar de cuatro semanas se dedique más tiempo, pero es fundamental que en esta etapa inicial del estudio estén bien construidas las bases de la técnica. Una vez conseguido, el aprendizaje consistirá básicamente en mejorar estas habilidades y extenderlas por toda la tesitura del instrumento y a todo su repertorio.

Pasarán algunos años hasta que aparezca un tema realmente nuevo.

Las primeras clases en los instrumentos de cuerda

En estas primeras semanas se deben trabajar dos elementos fundamentales: la postura de la mano izquierda, junto con la posición correcta y natural de los dedos sobre las cuerdas, y la buena colocación de la mano derecha sobre el arco, especialmente del pulgar y el meñique.

Primera semana

Asegurarse de que el tamaño del instrumento sea el adecuado para el alumno y que tanto la mentonera como la almohadilla se ajusten a su morfología.

En el caso del violonchelo y el contrabajo, además de comprobar el tamaño del instrumento se deberá cuidar de que se pueda colocar el instrumento de una manera equilibrada y con una posición corporal correcta.

Tras comprobar lo adecuado del instrumento se puede enseñar a colocar el instrumento en la parte izquierda del cuerpo, cuidando especialmente de la posición de la cabeza, la clavícula, los pies y la columna. Es importante cuidar de que el alumno no adelante la cabeza, para no romper el alineamiento entre la columna vertebral y la cabeza.

■ Juegos y ejercicios que permitan que el alumno coloque el instrumento de forma fluida y natural. El profesor indicará cuántas veces debe repetirse cada paso. Al colocar el instrumento, la mano izquierda debe reposar aproximadamente en la quinta posición.

> Cuida la colocación del instrumento. Si no se realiza con fluidez no es aconsejable pasar al siguiente paso.

Segunda semana

El objetivo de la segunda clase y de las sucesivas es que el alumno empiece a tocar el instrumento, lo que ayudará a su motivación.

- Repaso de los ejercicios de la semana anterior.
- Una vez comprobada su correcta realización se podrán añadir juegos y ejercicios para la mano izquierda.

El alumno aún no está utilizando el arco, por lo que se puede introducir el *pizzicato* con el dedo meñique de la mano izquierda. Se pueden hacer juegos en todas las cuerdas y con diferentes matices, ritmos y tempos. La mano izquierda seguirá aproximadamente en la quinta posición, como en los ejercicios de la semana anterior.

En esta segunda sesión también puedes introducir el pizzicato con la mano derecha, pero es importante que cuides de que el brazo del alumno trace una elipse. Este gesto prepara al alumno para seguir esa misma trayectoria elíptica cuando utilice el arco.

Tercera semana

El objetivo de esta clase es tomar contacto con el arco. En los ejercicios se puede sustituir al principio el arco por un lápiz o una pajita de refresco, porque son menos pesados que el propio arco y facilitan el gesto correcto del alumno. Una vez conseguido un gesto aceptable se pueden repetir los mismos ejercicios y juegos con el arco.

- Revisar lo aprendido en las dos primeras sesiones. Para variar los ejercicios se pueden añadir algunos ritmos sencillos.
- Juegos con el arco.

En esta clase es importante que el alumno aprenda a soltar las articulaciones de la mano derecha. Cuida de que resista el impuso de agarrar el arco con excesiva fuerza.

Cuarta semana

El objetivo de esta clase es coordinar la sujeción del arco con la mano derecha y la colocación de los dedos sobre la vara. Este suele ser un momento crítico. Para que no se produzcan tensiones exageradas en la mano al querer agarrar el arco es aconsejable que el alumno coloque su dedo pulgar justo por debajo de la nuez, lo que ayuda a que el pulgar quede redondeado.

- Repaso de las sesiones anteriores.
- Primeros sonidos con el arco frotando la cuerda.

Al empezar a utilizar el arco es aconsejable que al principio guíes los movimientos de tus alumnos.

6

CÓMO PREPARAR UNA PRUEBA PARA UN PUESTO DE TRABAJO

Estructura de las pruebas

Para acceder a un puesto de trabajo en la enseñanza de la música, ya sea fijo o eventual, generalmente es necesario superar un proceso selectivo compuesto por varias fases. Aunque depende de las características del centro —si es público o no, o si imparte también otro tipo de enseñanzas— y también de su nivel —elemental, profesional o superior—, normalmente las pruebas suelen consistir en:

- Interpretación con el instrumento de un repertorio de un determinado minutaje.
- Análisis de una o varias obras propuestas por el tribunal.
- Presentación de una programación y/o de una unidad didáctica.
- Defensa de uno o varios temas de entre los incluidos en un temario preestablecido.
- Una clase práctica de duración variable con uno o varios alumnos de diferentes niveles.

La mayoría de los candidatos suelen concurrir a las pruebas bien preparados para las cuatro primeras fases arriba mencionadas, pero muy a menudo se descuida la última, bien por un exceso de confianza pensando que una buena habilidad instrumental bastará para obtener la plaza, o bien por no haber prestado la debida atención a las peculiaridades de esta prueba. Como hemos visto, el virtuosismo no siempre va acompañado de una buena capacidad de comunicación para enseñar a otros pero este caso, además, se tienen que saber condensar y mostrar en unos pocos minutos todas las competencias que se tengan como docente de forma que la comisión de valoración se lleve una impresión favorable.

Para evitar confusiones, en este capítulo denominaremos *candidato* o *aspirante* a la persona que aspira al puesto de trabajo, *alumno* a la persona a la que se impartirá la clase y *tribunal* o *comité de selección* a las personas encargadas de evaluar la prueba.

Aunque este capítulo estará centrado en la preparación de la clase con el alumno, no está de más hacer un breve repaso por las demás fases de la prueba y ofrecer una serie de consejos, teniendo en cuenta que el orden de estas fases puede cambiar según la convocatoria.

Primera fase. Interpretación

La prueba de la interpretación por parte del candidato de varias obras de distintos estilos está pensada para comprobar que este posee un correcto dominio de su instrumento y que sabe utilizarlo para tocar obras de diversas épocas con suficiencia, capacidad expresiva y de comunicación con el espectador.

Esta prueba es la que normalmente se sabe preparar más fácilmente, puesto que el estudio que requiere es idéntico al que el instrumentista ha ido haciendo durante toda su carrera para su propio progreso personal. Solo depende de las propias habilidades que el candidato haya adquirido durante sus años de estudio y, en el fondo, apenas se diferencia de la que se realizaría en una prueba para obtener un trabajo en la interpretación, más allá del nivel técnico o del repertorio concreto exigidos.

En todo caso, conviene no olvidar algunas cuestiones importantes para afrontar esta prueba con garantías:

■ Repertorio. A no ser que haya una serie de obras obligadas en la convocatoria, el candidato puede elegir libremente de entre todo el repertorio de su instrumento. El número de obras a presentar varía entre cuatro y ocho o se estipula un minutaje concreto, que puede variar según la convocatoria. Se sobreentiende que son obras completas, no movimientos sueltos, aunque después el tribunal pueda seleccionar aquellos que más le interesen. Las obras deben formar un programa variado en cuanto a estilos y utilización de los recursos del instrumento —sonoridades, articulaciones, velocidades, etc.—, de forma que se pueda demostrar que la técnica instrumental y el conocimiento del repertorio son sólidos.

■ Pianista acompañante. En las bases de la convocatoria se suele indicar si se exige llevar pianista acompañante o no. El hecho de no llevarlo siendo obligatorio es un motivo claro de descalificación, porque otros candidatos sí lo habrán llevado y admitir a un candidato sin él supondría un agravio comparativo. Por otro lado, el llevar un repertorista aunque no se exija en las bases siempre da una buena imagen y muestra la profesionalidad del candidato y su respeto por la partitura. También es muestra de su profesionalidad una buena elección del pianista, con el que se tiene que compenetrar musicalmente y le debe servir de ayuda durante la prueba, y no limitarse a tocar a su lado.

■ Partituras, copias para el tribunal y programa. A una prueba de este tipo siempre se deben llevar partituras originales —no está permitido fotocopiar una partitura si no se posee el original—, y varias copias para el tribunal del repertorio a interpretar. Conviene incluir la parte de piano, aunque no se especifique en las bases. Por otra parte, causa una buena impresión presentar junto con las fotocopias un programa bien diseñado con el listado de las obras que se van a interpretar, a modo de programa.

■ Puesta en escena. Como si de un concierto se tratara, la vestimenta, comportamiento y los movimientos en escena son otra buena muestra de profesionalidad. No es necesario vestir de gala, pero sí con la corrección suficiente que muestre la seriedad del candidato. También es importante utilizar el tiempo con serenidad y sin precipitación, tanto al principio como al final de la prueba.

• No es prudente que todo lo que toques sea de la máxima dificultad, porque quizá no muestres otras cualidades más allá del virtuosismo. Es mejor que presentes un repertorio equilibrado que favorezca tus mejores cualidades.

• Compórtate con naturalidad. Tómate tu tiempo antes de tocar y también entre las obras, como si fuera un concierto con público.

Segunda fase. Análisis

La preparación de la parte de análisis formal de la prueba suele quedar cubierta con los conocimientos adquiridos durante los estudios en el conservatorio con las asignaturas sobre armonía, estética e historia, y también existe una amplia literatura sobre estos temas. De todas formas, al preparar este ejercicio se debe recordar siempre que se trata de una prueba para optar a un puesto de trabajo en la enseñanza, lo que implica que además del análisis armónico, estético e histórico que se pueda hacer de la obra no se debe olvidar analizar también su valor didáctico en relación con el instrumento.

Se debe mostrar al tribunal cómo se utilizaría en clase y qué aspectos concretos se podrían aprender con ella, como explicamos en los ejemplos del capítulo 4. Por otro lado, se puede aprovechar este análisis para mostrar el conocimiento que se tiene del repertorio situando la obra propuesta en un curso o en un nivel determinados —aunque dejando un prudente margen—, y proponer algún material complementario que pueda reforzar lo aprendido con la pieza.

Tercera fase. Programación y unidades didácticas

No comentaremos esta parte de la prueba porque queda fuera de las intenciones de este libro, más centrado en los apartados prácticos interpretativos y pedagógicos de la prueba, y porque ya existen en el mercado múltiples publicaciones al respecto.

Por otro lado, esta fase está atendida al igual que la anterior por varias asignaturas que se estudian en la especialidad de Pedagogía de los conservatorios, en las que se aprende a elaborar una programación y una unidad didácticas y cómo exponer ambas.

Cuarta fase. Temario

En esta prueba tribunal escoge uno o varios temas de entre los incluidos en un temario que el candidato deberá desarrollar, normalmente por escrito. Estos temarios están recogidos en la siguiente normativa:

- Orden ECD/1753/2015, de 25 de agosto. Temario para acceder al cuerpo de Profesores de Música y Artes escénicas.
- Orden ECD/1752/2015, de 25 de agosto. Temario para acceder al cuerpo de Profesores de Música y Artes escénicas.

Basta con insertar en un buscador de Internet el título de cualquiera de estos documentos para acceder al texto competo, en el que se pueden encontrar los temas de todas las especialidades e instrumentos. Algunos temas son comunes a varias especialidades, pero otros son específicos de cada una, por lo que es importante revisar el documento entero hasta encontrar la que nos interesa.

- Tómate tu tiempo para preparar todo el temario. No lo dejes para poco tiempo antes de la prueba.
- Divide los temas más largos en partes más breves para que puedas organizar mejor el trabajo y las ideas queden más claras.
- Una vez elaborado todo el temario, vuelve a leer cada uno de los temas y haz un esquema. Te ayudará a recordar lo más importante.
- En el momento de la prueba sigue tu esquema. Te dará seguridad y redactarás o expondrás el tema con más naturalidad.
- Procura escribir con un lenguaje sencillo aunque necesites expresar conceptos complejos. No seas rebuscado.

En estos temarios están recogidos únicamente el título de cada tema y una breve descripción de los contenidos que debe incluir, pero no existe ningún texto estándar ni ninguna publicación oficial que ofrezca el desarrollo del propio contenido, aunque se puedan encontrar en el mercado temas ya elaborados por terceros. Esto es debido a que una de las cosas que se desean averiguar con esta prueba es cómo el candidato es capaz de buscar y organizar la información por sí mismo para después poder exponerla.

Cuarta fase. Prueba práctica docente

En este último de los ejercicios es en el que se suelen apreciar importantes diferencias entre los candidatos y carencias en algunos de ellos, muchas veces no por su falta de capacidad o de formación, sino por no haber sabido preparar esta prueba de forma específica.

Para afrontar esta fase con garantías no basta con tocar bien el instrumento, considerarse un buen profesor, tener experiencia y saber comunicar en el aula esos conocimientos al alumnado de la forma en que se ha ido viendo en los capítulos anteriores. Todo eso es perfectamente válido y necesario en una clase real, pero en esta prueba el factor tiempo puede ser determinante porque es necesario demostrar al comité de selección en pocos minutos y con unos alumnos desconocidos que se es capaz de trabajar de forma eficaz todos los aspectos que influyen en la técnica del instrumento y en la interpretación

Todos los aspirantes al puesto seguramente dominarán un repertorio bien elegido para la prueba instrumental y la unidad didáctica, la programación y el temario se pueden preparar y estudiar con mucha antelación, pero nada sustituye al hecho de poder mostrar directamente al tribunal que se tienen los recursos necesarios para hacer en el momento una buena valoración del alumno y proponer inmediatamente las mejoras y los ejercicios prácticos más adecuados para sus necesidades concretas.

Al igual que en la primera prueba —interpretación con el instrumento—, es muy importante cuidar la puesta en escena, respetar las pausas y, en este caso, utilizar el tono de voz y el lenguaje más adecuados para causar una buena impresión al tribunal.

Por mucha seguridad que tengas con tu instrumento no olvides que se trata de una prueba para contratar a un profesor, no a un solista, y que la prueba docente puede ser la que marque la diferencia.

En este tipo de pruebas es muy frecuente ver a los candidatos cometer errores de varios tipos:

- Algunos detectan un aspecto que pueden trabajar con el alumno y pretenden profundizar tanto en él que agotan el tiempo disponible y no pueden demostrar sus conocimientos en el resto de los temas.
- Los hay que traen la clase tan bien preparada de antemano que pretenden impartirla sin ninguna variación, y sin tener en cuenta al alumno.
- También hay quienes quieren abarcar absolutamente todos los temas que traían preparados y, aunque intenten adaptarlos al alumno, lo hacen apresuradamente y solo consiguen transmitir una sensación de nervios y de confusión.
- Otros, a causa de los nervios o de una deficiente preparación, pasan superficialmente un ejercicio tras otro sin mayor explicación y sin que el tribunal tenga ocasión de vislumbrar sus aptitudes para la docencia.
- Algunos más pretenden asombrar al tribunal con ejercicios excesivamente imaginativos, pero que se salen del contenido de la clase.
- Hay aspirantes que una vez pasada la prueba práctica interpretativa dejan su instrumento sobre la silla y no lo vuelven a utilizar mientras dura la clase.
- Por último, los hay que dan un auténtico recital delante del alumno tocando el repertorio que este ha traído con la esperanza de que mejore únicamente por imitación y sin necesidad de ninguna explicación.

En todos estos casos vemos que no se consigue comunicar correctamente al tribunal lo que realmente se sabe hacer. El secreto está en encontrar un buen equilibrio entre lo que se desea mostrar y el grado de profundización que se puede lograr en el poco tiempo que dura la prueba.

Hay que tener en cuenta que este ejercicio no es más que una breve aproximación a la actividad profesional que se desarrollará en clase, no una verdadera clase. Si lo observamos de cerca, se trata de una escena irreal sacada de contexto en la que los personajes no actúan de un modo natural: el alumno probablemente se encuentre nervioso y sienta que es él el que está siendo examinado, mientras que por otro lado el candidato debe encontrar la manera de que el alumno entienda la explicación, pero sin olvidar de que es el tribunal el que debe escucharla para poder determinar si está siendo correcta y eficaz. Tampoco hay que descartar que algún miembro del tribunal se sienta tentado de demostrar con sus preguntas cuánto sabe él mismo sobre el tema y así marcar la diferencia con respecto a los candidatos.

> *"Durante la prueba dirígete siempre al alumno, pero no olvides que es el tribunal el que debe escuchar y comprender tus explicaciones."*

Más adelante dispondremos de toda una clase semanal, y de más de treinta semanas por curso en las que planificar la enseñanza personalizada para cada alumno y profundizar en cada uno de los temas, pero primero hay que obtener el puesto de trabajo, y para conseguirlo es necesario saber mostrar en esta breve prueba que somos la persona idónea para el mismo y cuáles son las capacidades que tenemos y la adaptación al puesto.

Esta diferencia entre la prueba y la realidad cotidiana de la clase es un motivo más para atender su preparación específica, y a ello dedicaremos las siguientes páginas.

Cómo podemos condensar nuestros conocimientos y capacidades y mostrarlos en unos pocos minutos

La clase con el alumno suele durar generalmente unos veinte o treinta minutos. Puede parecer poco tiempo, pero si se administra correctamente es más que suficiente para mostrar al tribunal que se está preparado para enseñar, pero para conseguirlo es imprescindible evitar la tentación de pretender mostrar todo lo que se sabe sobre cada uno de los temas. Si se comete este error puede que el tiempo se acabe antes de llegar a lo más interesante, y también puede hacer que las explicaciones resulten farragosas y poco adecuadas al nivel y edad del alumno. La correcta administración del tiempo es uno de los factores que más diferencian esta prueba de una clase real.

> Cuida el nivel de complejidad de tus explicaciones y adecúalas a la edad del alumno y al tiempo de que dispones. Busca la manera de que entienda los conceptos con un lenguaje sencillo. El tribunal valorará este esfuerzo.

El comité de selección tiene que comprobar si el candidato es capaz de hacer trabajar a alumnos de diferentes niveles cada aspecto básico del instrumento, aunque en el momento mismo de la prueba no pueda hacerlo de forma exhaustiva. Para poder demostrárselo de forma eficaz es necesario tener una idea clara de cuáles son los aspectos fundamentales —pocos pero bien diferenciados— y cuáles pueden ser más accesorios y quedar en segundo plano. Seguro que conocemos explicaciones muy interesantes y creativas que se pueden utilizar en una clase real, pero ahora es el momento de ir al grano: es más conveniente escoger cuatro o cinco temas generales en los que estén incluidos todos los demás y trabajarlos someramente en la prueba que perderse en los detalles de cualquiera de ellos.

Es recomendable llevar a la prueba material propio y de distintos niveles para cada uno de los temas, por si se da el caso de que el alumno no lleve nada conveniente, pero siempre es mejor, si es posible, aprovechar las obras, estudios y ejercicios que lleve el alumno. De esta manera, el tribunal sabrá que además de capacidad de diagnóstico tenemos facilidad para utilizar el repertorio como una herramienta de trabajo con un fin didáctico concreto. Esto no quiere decir que después haber escuchado al alumno y trabajado con él durante unos minutos no se le pueda proponer nuevo material relacionado con lo que se le quiere enseñar. Por el contrario, todo material bien utilizado es una oportunidad para dar prueba de que se conoce el repertorio, pero siempre evitando la tentación de llevarlo demasiado preparado y pretender utilizarlo a toda costa sin importar el alumno.

> Una vez hayas decidido cuáles son los temas que quieres trabajar con los alumnos de la prueba piensa en qué orden vas a hacerlo y cuántos minutos puedes dedicar a cada uno. Te ayudará a aprovechar mejor el tiempo y ofrecerás una imagen de orden y buena organización.

Todos tenemos una idea aproximada de cuál es nuestra forma de tocar, aunque en muchos casos se trate de un conocimiento inconsciente. Cuando lo hacemos, utilizamos nuestro instrumento de una forma intuitiva y casi automática, pero esto no será suficiente cuando empecemos a dar clase —como vimos en el capítulo 2—, ni tampoco lo va a ser para preparar esta prueba. Si aún no lo hemos hecho, ahora tenemos una ocasión inmejorable para reflexionar y analizarnos de forma completa tanto técnica como musical y pedagógicamente, puesto que vamos a tener que demostrar no solo que conocemos bien el instrumento, su funcionamiento y nuestra interacción con él, sino que además somos capaces de enseñar a los demás.

Haciendo un buen ejercicio de autoanálisis podemos averiguar cuáles son nuestras mejores cualidades como instrumentistas y en qué puntos aún podemos mejorar, y también nos podemos plantear la misma cuestión en nuestra faceta de profesores. Seguro que en los dos ámbitos hay algunos temas en los que nos sentimos más capacitados y más seguros, mientras que habrá otros que no son precisamente nuestra especialidad. Probablemente ya lo sepamos, aunque nunca nos hayamos parado a pensar en ello, pero llegados a este punto no está de más sentarse y tomar notas. Hacer un listado en el que reflejemos cuáles son los que sentimos como nuestros puntos fuertes y cuáles aquellos en los que pensamos que tenemos un margen de mejora nos ayudará a visualizarlos y a decidir qué será lo que vayamos a mostrar al tribunal.

Como es obvio, durante la prueba será conveniente mostrar plenamente aquellos aspectos en los que nos sentimos más capacitados y eludir elegantemente, en la medida de lo posible, los otros. Si fuera inevitable, también tenemos que tener pensada una estrategia de escape para no quedar en evidencia ante el alumno o el comité de selección. Por ejemplo, si el alumno ha presentado una obra de gran dificultad y el virtuosismo no es lo que nos define con el instrumento no es necesario que toquemos los ejemplos con el pasaje más complicado; seguro que hay algún otro con el que mostrar lo que queremos. Pero por otro lado, como se ha comentado más arriba, debemos tener cuidado de no caer en la tentación de trabajar durante la prueba algo en lo que nos sentimos especialmente preparados y gastar todo el tiempo intentando mejorar hasta la perfección la actuación del alumno en un único aspecto.

> Como en cualquier entrevista de trabajo, piensa bien qué es lo que quieres enseñar a los miembros del comité de selección para convencerles de que eres la persona idónea para el puesto.

Las explicaciones que ofrezcamos deben estar basadas en nuestra experiencia y ser siempre claras y comprensibles. También debemos estar preparados para justificarlas y responder con soltura y conocimiento de causa a cada observación que podamos recibir. Para eso es muy importante no hablar de oídas, repitiendo argumentos conocidos y asentados por la costumbre pero que quizá no comprendamos completamente. Si se incurre en este error, es fácil caer en una emboscada a la primera pregunta con criterio formulada por el tribunal.

Una comunicación eficaz

Durante la prueba, además de demostrar que conocemos el instrumento y su funcionamiento debemos probar que disponemos de una buena capacidad de comunicación, adecuada a cada nivel y edad del alumnado. Si caemos en el error de pretender enseñar al tribunal todo lo que sabemos acerca de un concepto muy complejo intentando explicárselo a un alumno principiante, además de conseguir que este no entienda nada, estaremos exhibiendo una absoluta falta de flexibilidad y de recursos comunicativos.

Es aconsejable llevar preparado lo que se quiere mostrar en la clase, pero podemos olvidar que las explicaciones tienen que estar siempre adaptadas al alumno de que disponemos en la prueba, aunque lo que queramos sea que las escuche el tribunal. De nada sirve hacer una disertación muy completa sobre un determinado tema si el alumno no es capaz de entenderla. Es mejor disponer de varias explicaciones diferentes y de distinto nivel de complejidad sobre cada concepto relacionado con el instrumento, de esta forma el tribunal comprobará que además de conocerlo en profundidad tenemos en cuenta las diferencias entre los alumnos de distintos niveles y edades.

> Se trata de una prueba práctica. Ten en cuenta que es importante demostrar efectividad y que las explicaciones que des surtan un efecto sensible, aunque sea mínimo, desde el primer momento.

La comunicación se ve reforzada de manera importante si las explicaciones están complementadas con unos buenos ejemplos tocados por el profesor. Estos ejemplos, además, dotan de más dinamismo a la clase a la vez que proporcionan credibilidad a las explicaciones al demostrar que realmente funcionan. Como se ha visto en otros capítulos, existe una gran variedad de tipos de profesor, desde los que en clase utilizan mucho sus propios ejemplos tocados con el instrumento hasta los que apenas lo hacen. No es fácil encontrar la proporción ideal entre el tiempo dedicado a las explicaciones y a los ejemplos —como suele ocurrir, la justa medida se encuentra entre los dos extremos—, pero se puede aconsejar que cada una vaya acompañada por una breve comprobación de que el ejercicio propuesto funciona. De esta manera el alumno dispondrá de una referencia y tendrá más confianza al repetirlo, y así el tribunal podrá constatar su efectividad.

Unos buenos ejemplos interpretados con el instrumento refuerzan la explicación verbal y permiten al alumno —y en este caso al comité de selección— apreciar otros detalles que quizá no se hayan mencionado de palabra.

> *"Largo es el camino de la enseñanza por medio de teorías, breve y eficaz por medio de ejemplos."*
>
> L. A. Séneca (4 a.C.-65d.C.)

La estructura de la clase durante la prueba y la administración del tiempo

Como hemos mencionado repetidas veces, lo más específico de esta prueba y lo que la diferencia de una clase real es que debemos demostrar en pocos minutos que somos competentes para hacer trabajar todo lo descrito en las páginas anteriores, aunque no sea posible profundizar en ello debido a la escasez de tiempo. Es muy importante saber priorizar y referirse a lo fundamental de cada uno de los temas elegidos e ir avanzando solo en la medida de lo posible. Con algunos alumnos será necesario quedarse en lo más básico, y con los que tengan un nivel más avanzado se podrá llegar más lejos y recurrir a otro tipo de explicaciones y ejercicios más complejos sobre un determinado aspecto, pero siempre teniendo en cuenta que se debemos reservar tiempo para el resto de los temas que queramos mostrar. Una vez que consideramos que una determinada explicación ha sido clara y comprobamos que tanto el alumno como el tribunal la han entendido, es mejor pasar a otro tema.

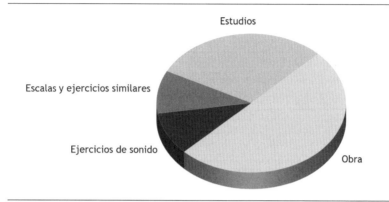

El tiempo en una clase real podría repartirse de esta manera —es solo un ejemplo que se puede variar a criterio de cada profesor—:

- 10%.- Ejercicios de sonido, respiración y relajación.
- 10%.- Escalas y ejercicios similares de mecanismo y agilidad.
- 30%.- Estudios.
- 50%.- Obras del repertorio.

En cambio, en un prueba en la que solamente dispusiéramos de veinte minutos, por ejemplo, el empleo del tiempo debería adaptarse —en este caso además tendremos que dedicar un cierto tiempo a escuchar a un alumno que no conocemos para saber hacia dónde orientar la clase, y hacer un pequeño resumen al final para reforzar las ideas principales que hemos propuesto—.

Un reparto equilibrado del tiempo podría ser:

- 2 minutos.- Escuchar al alumno para hacer un análisis inicial.
- 3 minutos.- Explicación y realización de ejercicios de sonido basados en el primer análisis, por ejemplo, en la tonalidad de la obra que ha tocado.
- 5 minutos.- Escalas y ejercicios similares, siempre en relación con lo anterior.
- 9 minutos.- Trabajo de la obra que presente el alumno desde un punto de vista musical, aunque mencionando la relación que tiene con todo lo trabajado en la parte técnica de la clase.

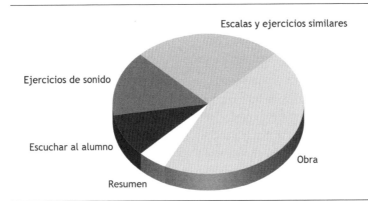

■ Último minuto.- Breve resumen de las explicaciones y de lo trabajado, para que quede fijado tanto para el alumno como para el
tribunal.

Resulta inevitable que en una prueba como esta se queden muchas
cosas en el tintero, y que una vez pasada lamentemos no haber mencionado algunas que consideramos importantes, de ahí la necesidad de tener bien organizado lo que queremos trabajar y priorizar e insistir desde
un primer momento en lo más básico según el nivel del alumno, aunque
nuestros propios conocimientos sean muy superiores. A partir de ahí
podremos ir avanzando por el resto de lo que hayamos preparado.

Tenemos que tener en cuenta que la realización de cualquier examen
supone un momento de tensión, máxime cuando de él depende un
posible futuro profesional. Esto puede causar cambios en el comportamiento habitual de las personas y provocar en los demás una opinión
equivocada de uno mismo. Aunque sea difícil, debemos hacer un esfuerzo por abstraernos de la situación y comportarnos con la mayor
naturalidad posible, manteniendo una forma de hablar amable, relajada
y comunicativa.

Lleva siempre el instrumento a la prueba y toca los ejemplos. Recuerda que una imagen vale más que mil palabras.

Al principio de la clase, y a fin de ir creando ese ambiente algo más relajado, es aconsejable intercambiar algunas palabras con el alumno —no se debe olvidar que también suele sentirse nervioso—, presentarse y preguntarle su nombre. Tras esta breve introducción podemos escucharle tocar algo de lo que traiga preparado para la prueba. En ocasiones se ve a candidatos que empiezan directamente la clase con una explicación teórica o con unos ejercicios predeterminados, sin saber cómo toca el alumno ni tener en cuenta su nivel. Esto causa la impresión de haber hecho una preparación demasiado teórica y de falta de autonomía y de adecuación a cada caso real. Además, escuchar al alumno por primera vez proporciona un minuto suplementario de relativa relajación para el candidato que le permite centrarse en la prueba. Es importante respetar este tiempo, porque si se interrumpe al alumno nada más empezar se puede aumentar el nivel de tensión del ambiente y se pierde la ocasión de recopilar datos que ayuden a orientar la clase. Por otro lado, un tiempo excesivo de escucha puede dar la sensación de inseguridad o de no tener los reflejos suficientes como para detectar rápidamente qué se puede trabajar en ese momento.

> "Procura mantener un volumen de voz suficiente y un ritmo al hablar que permita que tus explicaciones lleguen con claridad."

Podemos reservar la última parte de la clase para elogiar los progresos conseguidos gracias a las explicaciones dadas, aunque sean pequeños, y a hacer un pequeño resumen de lo observado y trabajado. También podemos dar unos consejos para seguir progresando. De esta forma, además del provecho que el propio alumno pueda obtener, quedarán resumidas y fijadas en la memoria del tribunal nuestra capacidad de análisis y la facilidad que tenemos en la búsqueda de soluciones adecuadas.

Si tenemos un turno de preguntas del tribunal debemos saber aceptarlas con cortesía, aunque pensemos que alguna esté formulada con la intención de ponernos en aprietos. Seguramente tratarán de comprobar nuestros conocimientos y experiencia sobre lo que acabamos de explicar. Para evitar inseguridades es muy importante que comprendamos perfectamente nuestras propias explicaciones. Si, por el contrario, dependemos de un conocimiento teórico basado en diversas lecturas más que en la comprobación personal de su eficacia, es muy fácil caer en contradicciones y dar la sensación de inseguridad y de no saber encontrar explicaciones claras y soluciones efectivas.

Merecen especial atención las pruebas de selección para escuelas de música, donde en la prueba a menudo se incluye una clase con un alumno sin conocimientos previos sobre el instrumento. En este caso se hace necesaria una presentación y explicación acerca del mismo, ilustrada con una breve interpretación por parte del candidato. El objetivo de esta clase de iniciación no debe ser que el alumno realice correctamente todos los ejercicios, sino que el candidato muestre de forma resumida cómo trabajaría en las primeras clases reales para ir asentando en el alumno una correcta técnica de base. De todas formas, siempre es bueno que al final de la clase el alumno sea capaz de producir algún sonido con las nociones que haya aprendido en el momento. No se debe olvidar que todos los alumnos lo que quieren es tocar, y poder hacerlo desde la primera clase redunda favorablemente en su motivación.

> No debatas ni discutas con el tribunal, aunque no estés de acuerdo con sus observaciones. Puede que solo se trate de otra manera de formular la misma idea o de otra forma de trabajar un detalle determinado. En todo caso, mantén la cortesía y acepta sus sugerencias, aunque sin servilismo. Así mostrarás seguridad a la vez que capacidad de adaptación y de seguir aprendiendo.

En qué debemos fijarnos durante la prueba

Un factor clave para aprovechar el tiempo y poder organizar la clase durante la prueba es saber hacia dónde dirigir nuestra atención al observar por primera vez al alumno y cuáles son los grandes apartados fundamentales de la práctica de nuestro instrumento que deberemos trabajar. Es importante explicar en la prueba algo sobre cada uno de ellos y dedicarle el tiempo suficiente para trasmitir al tribunal que le damos la debida importancia y que tenemos recursos suficientes para trabajarlo. Esta división del trabajo en un número menor de secciones que agrupan a todas las demás, más pequeñas, es interesante sobre todo en el proceso de preparación de la prueba, para poder elegir con criterio las explicaciones y los ejercicios que vayamos a utilizar. También ayuda a ver el instrumento en perspectiva y a dar una clase equilibrada entre lo técnico y lo artístico, tanto en la prueba como más adelante en clase.

Una vez hayamos establecido el nivel del alumno en la observación inicial podremos elegir los ejercicios más adecuados de entre los que llevemos preparados para cada apartado que hayamos decidido explicar. Es importante que en esta primera toma de contacto no nos limitemos a escuchar superficialmente al alumno, sino que fijemos nuestra atención en cómo se desenvuelve realmente en cada uno de los aspectos básicos de la práctica del instrumento. Esta observación nos permitirá hacer un diagnóstico para poder dedicar la clase a aquello que consideremos más interesante.

Aunque los alumnos suelen llevar alguna obra o estudio preparados para el ejercicio no está de más que tengas preparado algo de material propio. De esta forma estarás preparado para llenar un posible vacío durante la clase.

En cada una de las secciones debemos decidir qué es lo principal —aquello que en ningún caso puede ser pasado por alto— y qué son mejoras que solo se podrían proponer a los alumnos a partir de un determinado nivel. También tenemos que saber qué tipo de trabajo más efectivo a la hora de ser mostrado en la prueba. Una parte importante de la preparación es conocer cuáles suelen ser los errores que más habitualmente suelen presentar los alumnos en cada uno de los apartados para poder adquirir un repertorio suficiente de recursos a los que poder acudir durante el transcurso de la prueba sin necesidad de improvisar y sin el riesgo de quedarnos sin saber qué decir. De esta forma tendremos una guía tanto para esta prueba como para nuestras futuras clases.

Si conocemos bien el instrumento y las diferentes etapas por las que se pasa durante el estudio del mismo es fácil prever qué problemas se suelen presentar en mayor o menor medida. Por ejemplo, en un instrumento de viento es muy habitual que los alumnos tiendan a respirar en la parte alta de los pulmones, lo que les carga de tensión, o que intenten controlar el sonido sujetando demasiado con la embocadura, lo que empobrece su sonido. Sabiendo que estas dos circunstancias se suelen presentar en mayor o menor medida se pueden tener preparados varios ejercicios para trabajarlas, pero siempre después de haber escuchado al alumno y haberle explicado el porqué del ejercicio. Lo mismo se puede prever en cuanto a la digitación o, en otros instrumentos, en lo que concierne a los movimientos del arco o sobre el teclado.

Algunos de los apartados que mostraremos a continuación son puramente técnicos y otros reflejan la utilización de esa técnica en la elaboración del discurso musical. Es importante que durante la prueba se atiendan debidamente estos dos aspectos —la técnica y la música— para dar una imagen de profesor completo. Muchos de los temas, sobre todos los interpretativos, son comunes a todos los instrumentos y otros son específicos de cada uno, pero todos ellos se pueden trabajar en mayor o menor medida con alumnos de cualquier nivel, teniendo cuidado de que sea con un adecuado margen de flexibilidad en cuanto al grado de exigencia y empleando siempre unas explicaciones de una complejidad ajustada.

La prueba para instrumentos de viento

- ■ **Postura general**.- Buscar una correcta posición del tronco, el cuello, los brazos, las manos y los dedos.
  - Observar si la posición es relajada, con la tensión muscular justa para mantenerse erguido pero sin rigidez.

- ■ **Embocadura**.- Debe ser relajada, pero con el punto justo de tensión que permita controlar la boquilla o la caña.
  - Cuidar la posición de los labios y de la mandíbula.
  - Los alumnos, sobre todo a edades tempranas o en el registro agudo, suelen tener tendencia a sujetar la embocadura más de lo necesario. Conviene hacer alguna observación al respecto.

- ■ **Respiración**.- Confortable, apoyada en el diafragma y de un volumen adecuado a las necesidades reales del instrumento.

- Vigilar que el alumno no suba los hombros al inspirar y que al tocar se mantenga el apoyo y el envío de aire sea regular.
- Si es necesario, dedicar unos pocos minutos a algún ejercicio específico de respiración sin el instrumento.

■ **Sonido.**- Buscar estabilidad, afinación y calidad.
- Cuidar que el sonido sea estable, basado en una respiración bien controlada, y afinado.
- Vigilar que la afinación sea correcta.
- Se puede trabajar la mayor o menor apertura de la embocadura para mejorar la afinación o el timbre, pero con precaución, porque puede ser un tema complejo para tan poco tiempo.
- Si se utiliza el vibrato se debe cuidar de que sea regular y no afecte a la calidad del sonido. Si es necesario, se puede dar una breve explicación sobre la mejor forma de conseguirlo.
- La articulación tiene que ser siempre la adecuada para el estilo de la música que se está tocando, evitando brusquedad o rigidez. Se puede hacer algún ejercicio específico de pronunciación de las notas.

■ **Digitación.**- Debe ser precisa, regular y fluida.
- Prestar atención a que la pulsación de los dedos sobre las llaves sea relajada y que se realice a partir de una postura correcta de los brazos y el tronco.
- Cuidar de que el movimiento de los dedos no interfiera con el sonido ni con la articulación.
- Se puede utilizar un pasaje rápido de la obra o de digitación difícil para hacer un trabajo específico —ritmos, repeticiones, etc.—.

■ **Tempo.**- Regular y adecuado al estilo de la pieza.
- Cuidar de que se haya elegido un tempo correcto, adecuado a las indicaciones de la partitura y al estilo de la pieza.
- Vigilar que el pulso se mantenga estable y se respeten las indicaciones de ritmo.
- Atender a un buen uso del rubato.

■ **Capacidad expresiva.**- Observar cómo utiliza el alumno la técnica para dar sentido a la partitura.

- Interpretación clara y con capacidad comunicativa.
- Sonoridad adecuada al carácter de la obra.
- Comprobar que el volumen y el timbre del sonido son correctos y no perjudican al fraseo ni al carácter de la música.
- Articulación adecuada al estilo. Cuidar de que la pronunciación de las notas no interfiera con el carácter ni con la sonoridad de la pieza.
- Respeto al fraseo y a los matices indicados en la partitura.
- Proponer ir un paso más allá de los matices y utilizarlos para dar unidad a las frases y coherencia al discurso musical.
- Vigilar que se haga una correcta delimitación de las frases musicales: dónde empieza y termina cada una y cuál es la posición relativa entre ellas.

La prueba para instrumentos de cuerda

■ **Postura general**.- El cuerpo se debe mantener erguido, sin rigidez en las rodillas y con el eje cuello-cabeza bien alineado.
- Cuidar de que no se levanten excesivamente los hombros.
- Vigilar que el alumno se mantenga relajado, aunque con un correcto tono muscular.
- Observar si el instrumento está colocado correctamente o si es el instrumentista se adapta a él de manera forzada.
- En el caso de violinistas y violistas, comprobar que la posición de la cabeza es la correcta con respecto a la mentonera o si adelanta la cabeza para llegar a ella.

■ **Mano izquierda**.- Libre de tensiones para permitir que los cambios de posición se realicen con fluidez.
- Vigilar que el alumno no sujete el instrumento con excesiva fuerza. Si se considera necesario, se puede trabajar el movimiento de desmangue con extrema lentitud, cuidando de que los dedos que realizan el cambio apenas toquen el batidor y que se suelte correctamente el dedo pulgar.
- Comprobar que cada nota esté bien asentada y que el alumno es capaz de autocorregirse mientras toca. Si la afinación es inestable se puede trabajar una escala y sugerir diferentes ma-

neras de estudiarla para mejorar la afinación. También se puede animar al alumno a practicar la escucha activa y a corregir siempre que no esté tocando afinado.

- Vigilar el desplazamiento de la mano izquierda en los cambios de posición, sin gestos bruscos y buscando la fluidez del movimiento, lo que ayudará a mantener el discurso musical.
- Cuidar de que la mano esté suelta para poder realizar el movimiento del vibrato con amplitud

■ **Mano derecha**.- La calidad del sonido depende de si el brazo derecho está libre de tensiones y si el arco está posicionado en el punto de contacto correcto, paralelo al puente y con el peso adecuado. También dependerá de si las diferentes partes del brazo se mueven de forma independiente y fluida.

- Cuidar de que el arco no se desvíe hacia el batidor cuando el alumno hace arcos largos, lo que provocaría una falta de peso en la mitad superior del arco y con ello un sonido más pobre. Esto indica que todavía no se ha conseguido la necesaria independencia entre las diferentes partes del brazo.
- Si, por el contrario, se escucha un sonido más aplastado puede significar que el alumno esté agarrando la vara con demasiada fuerza y crispando los dedos.
- Durante la prueba se podrían dedicar algunos minutos a hacer algún ejercicio de golpes de arco para rectificar estos defectos, si fuera necesario, para que el alumno pueda oírse a sí mismo tocando con un sonido más amplio y resonante.

■ **Intención expresiva**.- La técnica siempre ha de estar al servicio de las exigencias musicales de la partitura.

- Observar si los fraseos y el sonido son adecuados al carácter de la obra y si los golpes de arco concuerdan con el estilo y la época. Por ejemplo, en ciertas obras de la música barroca y clásica las notas estarán más separadas entre sí y el sonido no será tan denso como el que requeriría una pieza de un estilo más romántico.
- Comprobar que las digitaciones escogidas no entorpecen la capacidad de tocar una frase larga y cantada.

- Prestar atención a la estabilidad del tempo y a la exactitud rítmica de la música.
- Vigilar el sonido, su calidad y volumen, y que la cantidad, velocidad y presión del arco y el equilibrio entre estos tres elementos sean los apropiados para la obra que se está tocando.

La prueba para instrumentos de tecla

■ **Postura general.-** La posición al piano debe cuidarse para que el oído esté a una distancia suficiente del teclado que permita escuchar en su integridad el sonido producido y facilite que el cuello, los hombros, los codos y las muñecas se mantengan relajados y así poder utilizarlos con toda libertad.

- Cuidar de que las manos mantengan una colocación relajada y un movimiento flexible.
- Vigilar que el gesto de los brazos sean eficaces, evitando movimientos superfluos.

■ **Carácter.**- El carácter que el alumno ha querido imprimir a la obra, con mayor o menor acierto, es un punto importante sobre el que el profesor debe llamar la atención. Teniendo en cuenta las indicaciones del compositor, la época y el estilo resultarán un tempo, unas dinámicas, unos acentos rítmicos y una pedalización determinadas. Esto exigirá al alumno una cierta cultura musical y general, cuya importancia el profesor debe subrayar y sobre la que podrá dar las explicaciones oportunas.

■ **Planos sonoros.**- El profesor tiene que mostrar al alumno las diferentes voces de la obra y enseñarle a distinguir unas de otras. Para ello puede cantar cada una por separado, "jugar" a cantar una mientras toca otras, etc.
  • Elegir cuál de estas voces es la principal y cuáles deben ir en planos sonoros más débiles.
  • Para diferenciarlas, trabajar la técnica del peso: explicar cómo tocar profundizando en el teclado, con más peso y ataque lento, para melodías muy *cantabile*, y con un peso muy ligero en el brazo, pero con dedos ágiles, para los acompañamientos armónicos.

■ **Fraseo.**- El piano no es un instrumento que frasee y proporcione un legato de forma espontánea, hay que buscarlo. Imaginar la frase, o cantarla con la propia voz, es esencial para entender cómo vamos a dibujarla.
  • Trabajar la técnica del *legato*, donde ninguna nota es percutida, sino que el sonido se produce suavemente con mayor o menor presión según la frase se amplíe sonoramente o disminuya.
  • Explicar técnicamente el *legato* como el fruto de un sonido controlado por unos dedos profundos en el teclado que son conducidos con suavidad por la muñeca, que se mantiene absolutamente libre.
  • Analizar la emisión del sonido y comprobar que la amplitud de las dinámicas es adecuada al estilo de la obra.

■ **El ritmo.**- Explicar las características rítmicas de la obra: jerarquía de tiempos fuertes y débiles, acentos, articulaciones, etc. Sentir el ritmo primeramente con el cuerpo a través del baile o del movimiento de los brazos puede ayudar a encontrarlo con los dedos.

■ **El tempo.**- Algunos *tempi* requieren una técnica fluida de dedos y de muñeca y es esencial explicar cómo se puede trabajar para alcanzar las exigencias de la obra.
   • Escoger los gestos que son precisos y eliminar los innecesarios.
   • Elegir la digitación adecuada, y buscar la elasticidad en la mano y en el brazo.
   • Estudiar con ritmos y por grupos rápidos, observando la mano y los brazos para tomar conciencia de que se utiliza correctamente cada parte del cuerpo.

■ **La armonía y el pedal.**- El pedal y la escucha son inseparables: una pedalización incorrecta solo se puede corregir escuchando atentamente el sonido que se acaba de producir.
   • Trabajar el pedal con calderones o pausas para escuchar la limpieza del sonido producido. Prestar atención a ese sonido durante unos segundos es aprender a escuchar y a corregirse.

SEGUNDA PARTE

LA ENCUESTA

LOS PROFESORES DE INSTRUMENTO Y LA INTERPRETACIÓN

Esta encuesta, que se envió mediante Google Drive a profesores de instrumento de centros de enseñanza musical de toda España, es un punto de partida para estudiar la relación entre la interpretación y la enseñanza de un instrumento y cómo ambas actividades se refuerzan y así se consigue la adaptación descrita en los capítulos anteriores.

Esta encuesta se cumplimentó durante el mes de octubre de 2018 y en ella tomó parte profesorado de todos los niveles educativos, desde escuelas de música hasta conservatorios superiores, pasando por los conservatorios profesionales y profesorado de cursos y masterclass. Participaron un total de 467 personas, lo que ofrece una visión muy amplia de la opinión de los docentes que abarca a todas las familias instrumentales, grupos de edad de los profesores y años de experiencia. Este trabajo también permitió recabar otras opiniones y ofrecer en este libro una visión más objetiva sobre el tema, más allá de la intuición o de las opiniones personales su autor. También sirvió para detectar algunas carencias percibidas en la formación de los docentes y así orientar algunos de los capítulos de este libro.

A la hora de valorar los resultados de la encuesta con un mínimo de prudencia cabe pensar que las opiniones de quienes han participado en ella podrían no ser un reflejo absolutamente fiel de la opinión de la totalidad de los profesores de las escuelas de música y conservatorios, porque el propio hecho de responder ya es una prueba de tener una actitud abierta y proactiva. Esto significa que las opiniones de algunas personas pueden haber quedado fuera al no haber querido participar en la encuesta. De todas formas, y aunque algunos datos puedan pecar de un exceso de optimismo si se comparan con la totalidad del colectivo de docentes de instrumento en España o con el ambiente que se pueda percibir en algunos centros, sí que merecen ser tenidos en cuenta como la opinión de aquellos profesores que se muestran más interesados por su trabajo y por buscar otros campos de interés dentro del mismo.

Estas fueron las preguntas que se formularon en la encuesta:

1.- Edad.

2.- Sexo.

3.- Años de dedicación a la docencia.

4.- Principal actividad profesional (docencia, interpretación o ambas).

5.- ¿Era esta actividad profesional tu objetivo cuando estabas estudiando?

6.- Valora del 1 al 5 tu nivel de satisfacción con tu actividad principal.

7.- Valora tu nivel de satisfacción con la docencia.

8.- ¿Qué profesión piensas que goza de mayor prestigio social?

9.- ¿Cuál consideras tú que es más importante?

10.- ¿En qué nivel educativo impartes clase?

11.- Indica la familia de tu instrumento.

12.- Valora en qué medida consideras que tenías una buena formación instrumental cuando empezaste a dar clase.

13.- Valora en qué medida consideras que tenías una buena formación pedagógica cuando empezaste a dar clase.

14.- Valora en qué medida consideras que tienes una buena formación instrumental en la actualidad.

15.- Valora en qué medida consideras que tienes una buena formación pedagógica en la actualidad.

16.- ¿Acompañas habitualmente tus explicaciones en clase con ejemplos interpretados por ti?

17.- ¿Actúas regularmente en público?

18.- Valora la importancia que le das a actuar en público en relación con tu trabajo en la enseñanza.

19.- Valora las oportunidades de tocar en público que encuentras en tu centro de trabajo.

20.- Valora en qué medida desearías tener más oportunidades de tocar, en tu centro de trabajo o fuera de él.

21.- Valora en qué medida consideras que tu actividad interpretativa te ayuda como docente.

22.- Indica en qué aspecto de la enseñanza piensas que te ayuda más.

23.- Valora en qué medida consideras que tu actividad docente te ayuda como intérprete.

24.- Indica en qué aspecto interpretativo piensas que te ayuda más.

25.- Indica qué faceta de tu instrumento (técnica o de otro tipo) consideras que transmites mejor a tus alumnos.

26.- ¿Era este uno de tus puntos fuertes en tu época de estudiante?

27.- Indica qué faceta de tu instrumento te resulta más difícil de transmitir a tus alumnos.

28.- ¿Era este uno de tus puntos débiles en tu época de estudiante?

29.- Observaciones y comentarios.

Al analizar los datos de la encuesta, se debe tener en cuenta que en algunas de las preguntas puede haber un número de contestaciones diferente de el del total de participantes, al no ser todas ellas de respuesta obligatoria o poderse escoger más de una opción. También cabe aclarar que, para hacer más fácil la lectura, en el texto se ha cambiado la redacción de alguna de las preguntas y se ha alterado su orden para agruparlas por temas.

Como se verá, del análisis cruzado de los datos se obtiene una imagen muy interesante y en ocasiones inesperada de la situación actual de los profesores de instrumento en España.

Aunque en las siguientes páginas se comentará debidamente cada uno de los apartados, también se ofrecen los datos recogidos y los porcentajes reales para que toda persona interesada pueda extraer sus propias conclusiones.

Datos generales

La mayoría de quienes contestaron la encuesta —un 68,47%— se encuentra en la franja de edad comprendida entre los 31 y los 50 años, y se da una participación global de aproximadamente el doble de hombres que de mujeres.

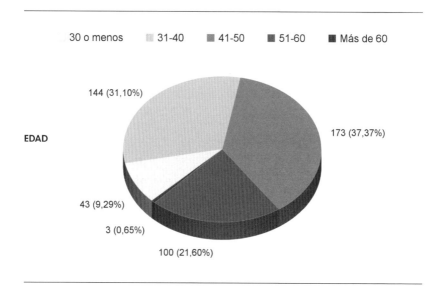

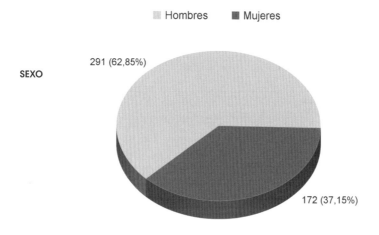

En cuanto a la experiencia docente, el mayor número de participantes —un 68,19%— se encuentra entre las personas que están en la franja central, con entre 11 y 30 años de trabajo en la enseñanza.

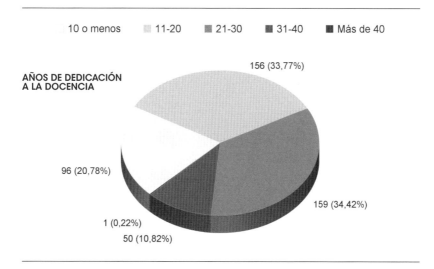

En cuanto al nivel educativo en que imparten la docencia, es mayoritario el grupo de profesores de conservatorios profesionales.

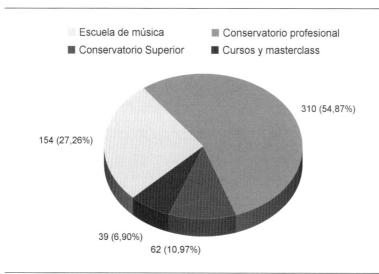

En la encuesta están representadas las principales familias instrumentales, principalmente la de instrumentos de viento, seguida de las
de cuerda y teclado, con una buena representación de los instrumentos
del jazz, además de otros instrumentos como la percusión, el canto e
instrumentos autóctonos o de la música antigua.

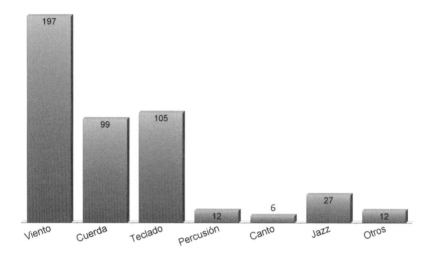

Esta variedad de instrumentos, edades y niveles educativos ha permitido recabar, con un número suficiente de respuestas en cada uno de
los grupos, la opinión y comentarios de profesores de ámbitos muy diferentes de la enseñanza instrumental.

*"Con mis maestros he aprendido mucho; con mis colegas, más; con mis
alumnos todavía más."*

Proverbio hindú

Análisis de los datos

Principal actividad profesional

Al haberse enviado la encuesta únicamente a centros educativos y no a orquestas o a intérpretes individuales, era de esperar que el mayor número de respuestas se encontrara entre personas dedicadas principalmente a la docencia —un 67,3%—, pero es interesante resaltar que hay otro 28,2% que se dedica por igual tanto a la interpretación como a la docencia, lo que indica que al menos ese porcentaje de los docentes, casi un tercio del total, mantiene una carrera interpretativa profesional en paralelo con su actividad educativa.

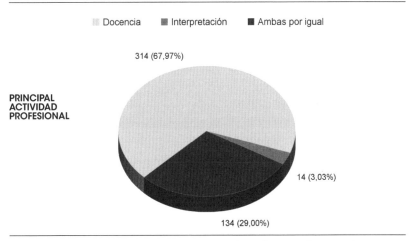

Uno de los primeros puntos que se deseaban analizar es hasta qué punto los profesionales de la música habían conseguido trabajar en aquello que deseaban cuando eran estudiantes, o si habían tenido que optar por otras salidas laborales dentro de la música, aunque esa no fuera su intención inicial.

La mayoría de los encuestados —aunque solo sea un 58,09%— declara que su actividad profesional actual, ya sea la docencia la interpretación o ambas, era la que se había marcado como objetivo profesional durante su etapa de estudiante. Esto parece dar a entender que existe una cierta desconexión entre las expectativas iniciales y la realidad laboral del mundo musical, máxime si se tiene en cuenta que únicamente participaron en el trabajo personas que terminaron la carrera y actualmente se dedican a la música, lo que excluye automáticamente a aquellas que en algún momento tuvieron que abandonar.

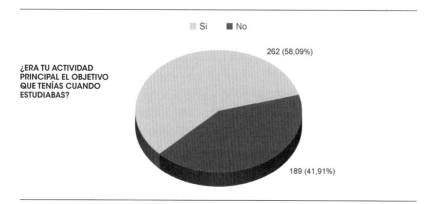

Este porcentaje varía de forma importante si observamos separadamente las respuestas enviadas por las personas dedicadas principalmente a la docencia, los intérpretes y aquellos que simultanean la enseñanza y una actividad interpretativa.

Como vemos en los gráficos de estas páginas, aproximadamente la mitad de los profesores aspiraban a serlo cuando eran estudiantes, pero casi otra mitad tenía unos objetivos profesionales diferentes, presumiblemente la interpretación. En cambio, más de tres cuartas partes de los intérpretes tenía como objetivo inicial una carrera como instrumentista.

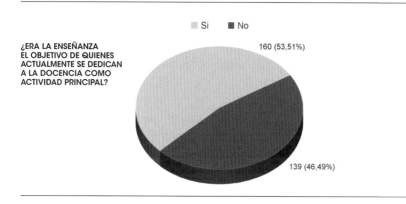

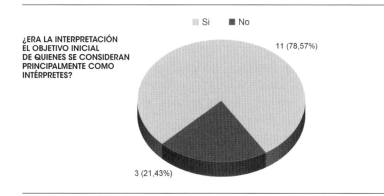

¿ERA LA INTERPRETACIÓN
EL OBJETIVO INICIAL
DE QUIENES SE CONSIDERAN
PRINCIPALMENTE COMO
INTÉRPRETES?

Si No

11 (78,57%)

3 (21,43%)

Por último, quienes compaginan en la actualidad ambas actividades profesionales manifiestan en una proporción de dos tercios a uno que esa había sido precisamente su aspiración inicial.

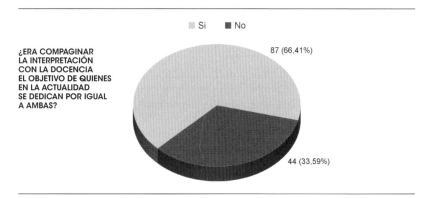

¿ERA COMPAGINAR
LA INTERPRETACIÓN
CON LA DOCENCIA
EL OBJETIVO DE QUIENES
EN LA ACTUALIDAD
SE DEDICAN POR IGUAL
A AMBAS?

Si No

87 (66,41%)

44 (33,59%)

De estos datos se desprende que las intenciones de los estudiantes de conservatorio están más orientadas a la interpretación que a la enseñanza y que los estudios de conservatorio están a su vez más encaminados a formar intérpretes que profesores, aunque esta acabe siendo para la mayoría una salida profesional más realista.

Por otra parte, si tenemos en cuenta que, como acabamos de ver, más de tres cuartas partes de los intérpretes deseaban serlo y, por el contrario, poco más de la mitad de los profesores pensaban en su juventud que acabarían enseñando, podríamos pensar que encontraríamos cierto nivel de desánimo en esta profesión, pero los datos ofrecidos por las respuestas a las siguientes preguntas de la encuesta parecen desmentir esta idea.

Nivel de satisfacción

Al ser preguntados por el grado de satisfacción con su trabajo principal por un lado y con la docencia en particular por otro, la gran mayoría manifiesta encontrarse satisfecho o muy satisfecho con su profesión, siendo residuales los porcentajes de respuestas desfavorables. Al haber sido dirigida la encuesta únicamente a centros educativos era de esperar que las gráficas que muestran las respuestas ambas preguntas fueran muy similares, ya que en la mayoría de los casos la actividad principal es la propia enseñanza.

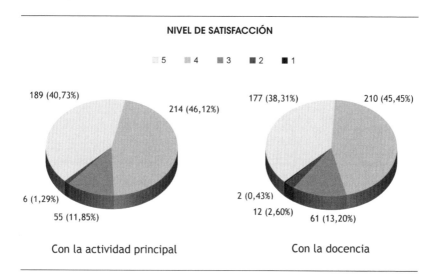

NIVEL DE SATISFACCIÓN

5   4   3   2   1

189 (40,73%)   177 (38,31%)   210 (45,45%)
214 (46,12%)

6 (1,29%)   2 (0,43%)
55 (11,85%)   12 (2,60%)   61 (13,20%)

Con la actividad principal   Con la docencia

"Mi sueño era enseñar música con mi instrumento, ¡y me encanta! Disfruto enseñando, pero creo que hay muchos docentes, grandes intérpretes, que anteponen la interpretación a la enseñanza. En mi opinión, es un error."

Profesora de tecla de conservatorio profesional

Al hacer una media de la valoración que hacen del trabajo en la docencia se aprecia una ligera variación entre quienes se dedican exclusivamente a enseñar, los que son principalmente intérpretes y aquellos que se dedican a las dos actividades por igual, aunque sigue siendo buena en todos los casos. Así, se detecta una mejor valoración entre quienes tienen la docencia como una parte importante o exclusiva de su actividad profesional que entre los que se dedican principalmente a la interpretación.

Actividad profesional	Valoración media sobre la docencia
Docencia	4,14
Interpretación	4,00
Ambas por igual	4,19
Media total	**4,15**

Si realizamos la misma media pero referida al nivel educativo en que se imparte clase se observa que el grado de satisfacción aumenta a medida que el nivel educativo es superior.

Nivel educativo	Valoración media sobre la docencia
Escuela de música	4,10
Conservatorio profesional	4,21
Conservatorio superior	4,25
Cursos y masterclass	4,38
Media total	**4,19**

Merece la pena detenerse un momento en el dato de que pese a que solamente un 58% de los profesores tenía como su objetivo profesional la docencia, un 83,76% de ellos se declara actualmente satisfecho o muy satisfecho con la misma. Esto puede indicar un cierto desconocimiento inicial de las particularidades la profesión o que en general los estudiantes no la contemplan como su salida laboral ideal, pese a que en la mayoría de los casos es donde podrán hallar mayores posibilidades de encontrar un empleo.

Si comparamos la media de la satisfacción con la docencia de todos los encuestados —un 4,19— con la de la de satisfacción con la interpretación de quienes se dedican principalmente a esta —un 4,29— observamos que la diferencia es de únicamente 0,10 puntos, lo que demuestra que la enseñanza puede resultar gratificante a un nivel similar a la interpretación, aunque sea por unos motivos diferentes.

> *"Ojalá se fomenten y valoren los conciertos del profesorado, así como un profesorado de calidad."*
>
> Profesora de cuerda de escuela de música
> y conservatorio profesional

Consideración social y personal del trabajo como docente

Las siguientes dos preguntas —8 y 9— pretendían conocer la valoración de la importancia que los profesores de instrumento sienten hacia su profesión y cuál piensan ellos que es el nivel de consideración de que esta goza en la sociedad en general.

Las tres cuartas partes de los encuestados creen que el nivel de consideración social de la interpretación es superior al de la docencia. Es cierto que, a diferencia de la enseñanza, la labor de los intérpretes es más visible al realizarse siempre en público, pero también se puede deducir que los profesores piensan que lo que la sociedad espera en gran medida de su trabajo es su resultado final: que sus alumnos —o ellos mismos— lleguen a ser intérpretes.

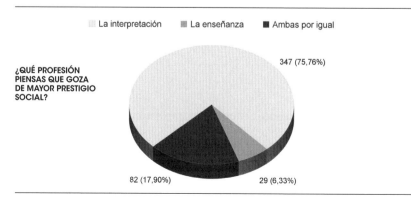

¿QUÉ PROFESIÓN PIENSAS QUE GOZA DE MAYOR PRESTIGIO SOCIAL?

La interpretación   La enseñanza   Ambas por igual

347 (75,76%)
82 (17,90%)
29 (6,33%)

Esta opinión es compartida, sin diferencias reseñables por los tres grupos de profesionales encuestados, pero resulta curioso que ninguno de los que se definen como intérpretes considere que la enseñanza tiene más prestigio social, aunque esto puede que sea debido a lo reducido de la muestra entre este grupo de profesionales.

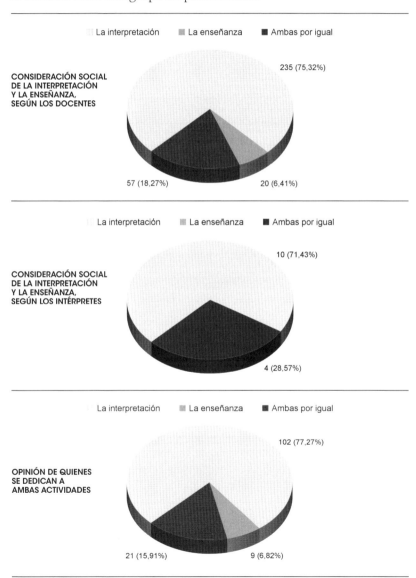

Al ser preguntados por cuál es su opinión personal sobre si es más importante la enseñanza o la interpretación se podría presuponer que, al tratarse todos ellos de personas que se dedican en mayor o menor medida a la docencia, los participantes en la encuesta considerasen que este trabajo es de mayor importancia que la interpretación, bien por sentirse más identificados con él o bien por su interés educativo, cultural, de integración social, o de cualquier otra índole. También, por otro lado, quizá podrían opinar que lo es la interpretación por su mayor repercusión social, pero un dato interesante que arroja la encuesta es que la gran mayoría —un 79,83— considera que ambas actividades son igual de importantes.

Es reseñable la diferencia entre lo percibido por los profesores y lo que estos piensan que opina la sociedad en general, como queda patente si comparamos las respectivas gráficas.

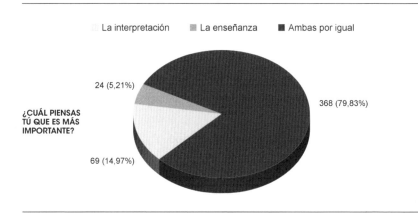

Esta percepción se reparte casi por igual entre intérpretes y docentes, pero se da la circunstancia de que aunque todos los grupos entienden las dos actividades como igual de importantes, la segunda opción es siempre la del otro grupo, como se puede ver en los gráficos de la página siguiente.

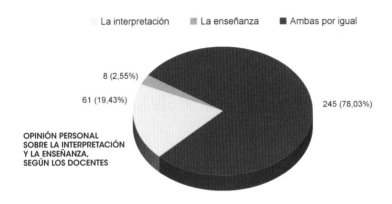

La interpretación   La enseñanza   Ambas por igual

8 (2,55%)

61 (19,43%)

245 (78,03%)

OPINIÓN PERSONAL
SOBRE LA INTERPRETACIÓN
Y LA ENSEÑANZA,
SEGÚN LOS DOCENTES

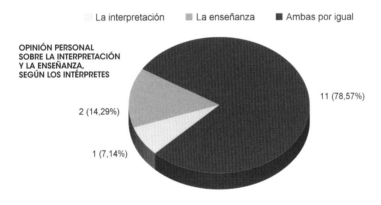

La interpretación   La enseñanza   Ambas por igual

OPINIÓN PERSONAL
SOBRE LA INTERPRETACIÓN
Y LA ENSEÑANZA,
SEGÚN LOS INTÉRPRETES

11 (78,57%)

2 (14,29%)

1 (7,14%)

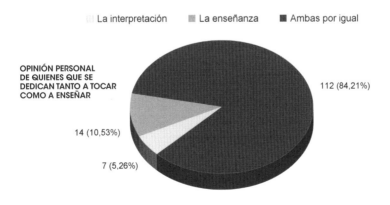

La interpretación   La enseñanza   Ambas por igual

OPINIÓN PERSONAL
DE QUIENES QUE SE
DEDICAN TANTO A TOCAR
COMO A ENSEÑAR

112 (84,21%)

14 (10,53%)

7 (5,26%)

*"La docencia me ha hecho mejor instrumentista y mejor músico. Al ayu-
dar a mis alumnos a resolver sus dificultades técnicas me he encontrado
con las mías propias y muchos de los consejos que les doy me son aplica-
bles, aunque a otro nivel. Por otra parte, sin una experiencia escénica, por
pequeña o poco frecuente que sea, un docente no puede aportar una visión
real de los aspectos técnicos, psicológicos, posturales, etc., que un alumno
debe conocer para tener una formación completa."*

Profesor de cuerda de conservatorio profesional

Formación instrumental y pedagógica

Las preguntas de la 12 a la 15 eran el núcleo central de la encuesta y son en gran medida la justificación de los siguientes capítulos de este libro. Su objetivo era detectar si los profesores percibían o no una carencia en su formación pedagógica cuando empezaron a dar clase y, de ser así, si apreciaban una mejora con los años de práctica docente.

Recordemos que las preguntas eran:

■ Valora en qué medida consideras que tenías una buena formación instrumental cuando empezaste a dar clase.

■ Valora en qué medida consideras que tenías una buena formación pedagógica cuando empezaste a dar clase.

■ Valora en qué medida consideras que tienes una buena formación instrumental en la actualidad.

■ Valora en qué medida consideras que tienes una buena formación pedagógica en la actualidad.

Con estas cuatro preguntas se trataba de establecer si lo aprendido en los años de estudio en el conservatorio había sido suficiente para poder comenzar con solvencia en el ejercicio de la enseñanza o si, por el contrario, los profesores noveles habían tenido que ir aprendiendo con el transcurso del tiempo en el ejercicio de la profesión. También se pretendía saber si se sentía que la formación recibida en el ámbito pedagógico había sido equiparable al interpretativo.

Los resultados están agrupados y reflejados en las gráficas de las dos páginas siguientes a fin de ofrecer una comparativa más clara de la evolución en el tiempo de esta percepción.

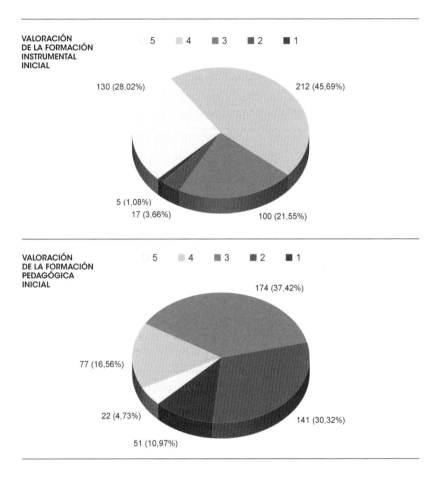

Como se puede ver, a la pregunta de si consideran que tenían una buena preparación instrumental en sus inicios, la gran mayoría —un 73,71— contesta que así era, con valoraciones de 5 y de 4. Este dato era esperable puesto que la mayoría de los profesores de instrumento de la actualidad cursaron unas carreras en el conservatorio pensadas para formar principalmente intérpretes.

En cambio, la percepción que muestran estos docentes acerca de la formación pedagógica recibida es muy diferente. Un 67,72% la considera solo como suficiente o incluso deficiente, por no mencionar el 10,97% que considera que tenía una formación pedagógica muy deficiente.

Solamente un 4,73% considera que estaba realmente bien prepara-

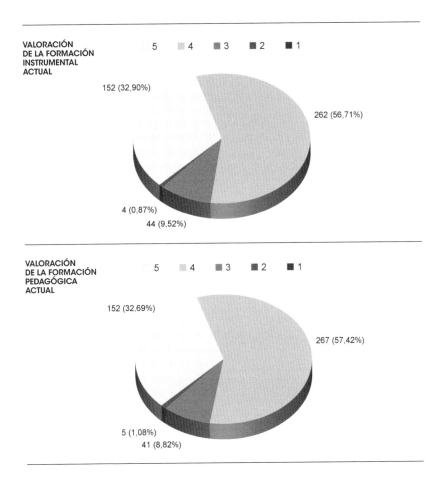

do, mientras que si observamos ese valor referido a su formación como instrumentista es nada menos que un 28,02% el que considera que estaba muy bien formado desde el principio.

Las dos preguntas siguientes —*Valora en qué medida consideras que tienes una buena formación instrumental en la actualidad* y *Valora en qué medida consideras que tienes una buena formación pedagógica en la actualidad*— eran un complemento necesario a las anteriores, y su objetivo era averiguar si la percepción era diferente una vez transcurrido cierto tiempo con el añadido de la experiencia profesional adquirida con la práctica.

Lo más sorprendente es que ambas gráficas, tanto la referida a la formación instrumental como a la pedagógica en la actualidad, son prácticamente idénticas —véanse las dos páginas anteriores—, lo que indica bien a las claras que con el tiempo se va evolucionando y se llega a alcanzar un nivel similar tanto en lo instrumental como en lo pedagógico por medio de la experiencia profesional, aunque el camino a recorrer en el ámbito pedagógico haya sido mayor.

La conclusión evidente es que es el propio trabajo como docentes el que ha proporcionado a la mayoría de los profesores las herramientas necesarias para desempeñar su trabajo con eficacia a pesar de las carencias iniciales, y que sin duda una buena formación práctica previa en este ámbito habría facilitado sus primeros años en la profesión.

Llegados a este punto podemos averiguar si existe alguna diferencia entre los grupos de profesores encuestados. Por ejemplo, entre los distintos niveles educativos.

Atendiendo a la media de todos los encuestados del nivel actual que declaran tanto instrumental como pedagógicamente, podemos ver que es prácticamente igual en ambos campos —un 4,22 frente a un 4,21—, pero si observamos cada grupo podemos ver que según es más alto el nivel educativo de los profesores éstos afirman haber tenido un nivel inicial mayor.

Nivel educativo	Formación instrumental inicial	Formación instrumental actual
Escuela de música	3,81	4,03
Conservatorio profesional	3,98	4,23
Conservatorio superior	4,09	4,48
Cursos y masterclass	4,13	4,45
Media total	**3,96**	**4,22**

Por otro lado, la formación pedagógica inicial es percibida en todos los niveles como significativamente inferior a la instrumental, aunque también en este caso es mejor en los conservatorios que en las escuelas de música.

Nivel educativo	Formación pedagógica inicial	Formación pedagógica actual
Escuela de música	2,56	4,05
Conservatorio profesional	2,74	4,24
Conservatorio superior	2,92	4,41
Cursos y masterclass	2,74	4,27
Media total	**2,71**	**4,21**

Al observar la evolución en el tiempo de la percepción acerca de la preparación y capacidad de los profesores desde que empezaron a dar clase hasta el día de hoy, se aprecia en todos los niveles educativos una ligera progresión en el ámbito instrumental y una mucho mayor en el pedagógico, que en todos los grupos llega prácticamente a alcanzar a la primera.

Es curioso observar que se trata de una evolución en paralelo en todos y cada uno de los grupos, y que las diferencias existentes entre ellos al principio se mantienen en la actualidad.

En el siguiente gráfico, en el que están representadas la evolución instrumental y pedagógica de cada nivel educativo se puede observar la mencionada progresión en paralelo.

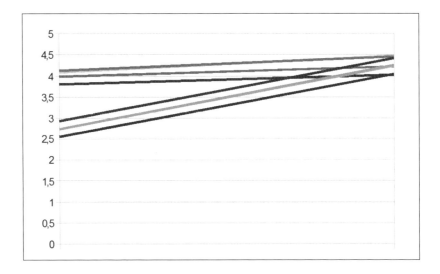

> *"La faceta pedagógica es muy enriquecedora y me obliga a estar siempre al día con mi instrumento, intentando ser un buen ejemplo para mis alumnos y buscando continuamente nuevas obras y métodos pedagógicos."*
>
>   Profesor de viento de conservatorio profesional

Si analizamos los datos según los diferentes grupos de edad es donde encontramos las diferencias más significativas. Aunque después también evolucionarán en paralelo, como se verá en la correspondiente gráfica, cuanto más jóvenes son los profesores parecen percibir que estaban mejor formados instrumentalmente cuando empezaron a ejercer que los más veteranos cuando se iniciaron en la profesión, pero en cambio sienten que estaban peor preparados en la faceta pedagógica que sus compañeros de más edad.

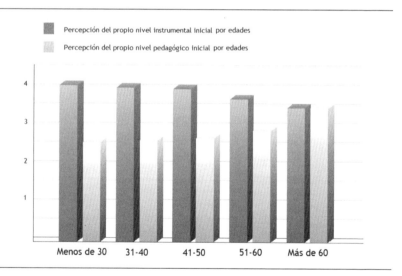

Esta diferente percepción puede ser debida a que los más jóvenes hayan recibido realmente una formación más completa pero eminentemente más orientada hacia la interpretación que a la docencia, pero es importante tener en cuenta que también puede deberse a que gracias precisamente a esa mejor formación instrumental sean más conscientes de las carencias que tenían cuando empezaron a enseñar a otros lo que ellos mismos sabían hacer con su instrumento.

El siguiente gráfico refleja la percepción de la capacidad instrumental y pedagógica actual de los profesores. En él se puede apreciar, si lo comparamos con el de la página anterior, que se acorta la distancia entre la sensación de preparación instrumental y pedagógica inicial y actual en el grupo de los profesores más jóvenes y que incluso los de más edad consideran tener hoy en día una capacidad pedagógica al menos al mismo nivel que la instrumental, cuando no superior.

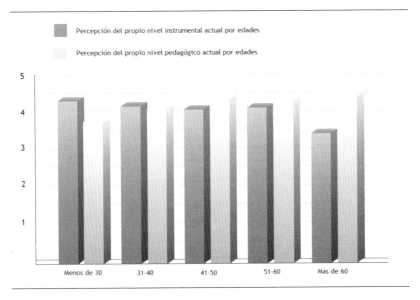

Se puede deducir una vez más que es la experiencia docente la que dota a los profesores de la preparación y capacidades que les reafirman y les hacen sentir seguros en su trabajo, y que los profesores de más edad obviamente han tenido más tiempo para adquirirlas que los más jóvenes. Pero es arriesgado confiar la formación del profesorado únicamente al transcurrir del tiempo y a un sistema de prueba y error. Resulta evidente que una mejor formación inicial en los conservatorios, más práctica y adaptada a la realidad profesional de la enseñanza del instrumento contribuiría a ayudar a todos los profesores en sus inicios y les permitiría evolucionar a partir de un nivel más elevado de conocimiento del instrumento y de su aprendizaje.

Edad	Formación instrumental inicial	Formación instrumental actual
30 o menos	4,09	4,39
31-40	4,03	4,25
41-50	3,99	4,16
51-60	3,73	4,21
Más de 60	3,50	3,50
Media total	**3,93**	**4,21**

Edad	Formación pedagógica inicial	Formación pedagógica actual
30 o menos	2,60	3,84
31-40	2,65	4,17
41-50	2,71	4,43
51-60	2,91	4,36
Más de 60	3,50	4,50
Media total	**2,76**	**4,22**

Al analizar los resultados por sexos podemos observar algunas diferencias significativas entre ambos, tanto en el ámbito docente como en el interpretativo. Por ejemplo, las profesoras afirman haber recibido una formación instrumental que resulta ser algo superior a las de sus compañeros hombres, pero estos declaran haber constatado un progreso mayor con los años —0,32 puntos frente a 0,14—, lo que les hace quedar ligeramente por delante. Este avance más acusado puede ser debido a que, como veremos unas páginas más adelante, los profesores varones parecen desarrollar en la actualidad en mayor medida una actividad interpretativa en paralelo a su labor docente.

En cuanto a su preparación pedagógica, tanto hombres como mujeres declaran que recibieron una muy similar cuando eran estudiantes, pero en este apartado son las profesoras las que manifiestan haber avanzado más con la experiencia —1,58 puntos frente a 1,42—, quedando claramente en cabeza. Nótese que en ambos sexos la evolución conseguida mediante la experiencia en el campo de la enseñanza es muy superior a la referida al ámbito interpretativo.

Por último, al observar los datos referidos a cada sexo se constata que los hombres piensan que poseen en la actualidad un nivel instrumental algo superior a su nivel pedagógico, aun siendo este también muy alto —un 4,24 y un 4,16—. Por el contrario, son las mujeres las que declaran el nivel más alto de todos los apartados estudiados en su percepción de su preparación pedagógica actual —un 4,31—, siendo también muy alta su percepción acerca de su capacidad instrumental en este momento —4,16—.

	Formación instrumental inicial	Formación instrumental actual	Formación pedagógica inicial	Formación pedagógica actual
Hombres	3,92	4,24	2,74	4,16
Mujeres	4,02	4,16	2,73	4,31

Si reflejamos todos estos datos en un gráfico de barras podemos ver claramente el gran progreso que se produce en ambos grupos en el ámbito pedagógico, que muestra una mejora de más de un cincuenta por

ciento con respecto a su formación inicial, mientras que en el campo de
la interpretación la evolución es mucho menor —con la ligera diferencia en ambos casos entre hombres y mujeres que hemos mencionado
más arriba—.

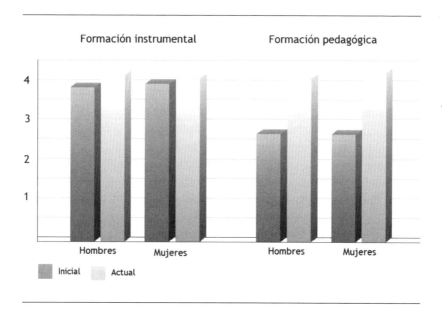

La conclusión que podemos extraer como resumen a la vista de estos
datos es que la formación que se recibe en los conservatorios es muy
eficaz para formar buenos instrumentistas y que una gran mayoría de
estos se consideran bien preparados en este campo desde un principio,
aunque en el momento actual se estén dedicando principalmente a enseñar. Está claro que se prepara a los estudiantes para dominar su instrumento pero, en cambio, no parece que se les proporcionen los medios para poder transmitir sus conocimientos con la misma solvencia.
Probablemente no será una mayor preparación teórica lo que necesiten,
sino una que les acerque lo más posible a la práctica real del instrumento en todos los niveles, partiendo siempre desde el autoconocimiento y
teniendo en cuenta las particularidades de cada tipo de alumnado.

Los profesores y el instrumento

Las siguientes preguntas, de la 16 a la 24, buscaban estudiar la relación de los profesores con su instrumento, tanto dentro del aula como fuera de ella y en sus actuaciones en público.

- ¿Acompañas habitualmente tus explicaciones en clase con ejemplos tocados por ti?

- ¿Actúas regularmente en público?

- Valora la importancia que le das a actuar en público en relación con tu trabajo en la enseñanza.

- Valora las oportunidades de tocar en público que encuentras en tu centro de trabajo.

- Valora en qué medida desearías tener más oportunidades de tocar, en tu centro de trabajo o fuera de él.

- Valora en qué medida consideras que tu actividad interpretativa te ayuda como docente.

- Indica en qué aspecto de la enseñanza piensas que te ayuda más.

- Valora en qué medida consideras que tu actividad docente te ayuda como intérprete.

- Indica en qué aspecto interpretativo piensas que te ayuda más.

En capítulos anteriores hemos visto la importancia que tiene verbalizar y explicar claramente la forma en que conseguimos dominar cada aspecto de nuestro instrumento, conocer qué otras opciones puede haber para hacerlo con eficacia y saber de qué manera podemos explicárselas a nuestros alumnos, pero todo esto no excluye sino que complementa la necesidad de realizar ejemplos prácticos. Al igual que hemos insistido en que un gran solista debe saber explicar su forma de tocar, un buen profesor tiene que saber ayudarse de su propios ejemplos con el instrumento, algo de lo que los encuestados parecen ser plenamente conscientes.

Debemos tener en cuenta que aunque siempre es necesaria una base teórica, una parte importante del aprendizaje de cualquier nueva habilidad se realiza por imitación, como un complemento necesario a las explicaciones recibidas. En la comunicación no verbal del profesor está resumida de forma inconsciente mucha información que el alumno puede aprovechar. Mientras tocamos estamos mostrando a nuestros alumnos nuestra forma de hacer en aspectos de los que ni siquiera nos damos cuenta, y al tocar un ejemplo no solamente aclaramos el contenido de nuestra explicación sobre un tema concreto, sino también mostramos su relación con todos los demás. Es curioso que muchas veces se puede deducir cuál ha sido el profesor de ciertos alumnos únicamente por su forma de tocar y por los gestos que realizan, aunque cada uno los haya adaptado a sus necesidades y a su personalidad.

Prácticamente la totalidad de quienes participaron en la encuesta —un 96,55%— afirmaron que acompañan sus explicaciones en clase con ejemplos tocados por ellos mismos siempre o al menos a menudo, y solo un 3,45% que lo hace únicamente en ocasiones. Esto demuestra cuánto tienen en cuenta estos profesores el componente práctico de la enseñanza de su instrumento.

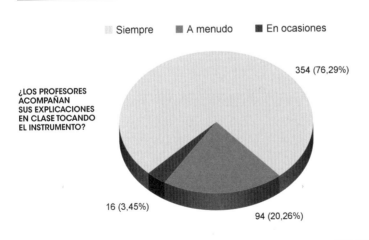

Siempre   A menudo   En ocasiones

¿LOS PROFESORES ACOMPAÑAN SUS EXPLICACIONES EN CLASE TOCANDO EL INSTRUMENTO?

354 (76,29%)

16 (3,45%)

94 (20,26%)

Cuestionados sobre si actuaban en público, la mayoría de los profesores afirman hacerlo con regularidad. En esta pregunta no se especificaba si se trata de actuaciones profesionales o no, porque lo que se intentaba constatar era únicamente si se tenía la costumbre de subir al escenario de forma habitual.

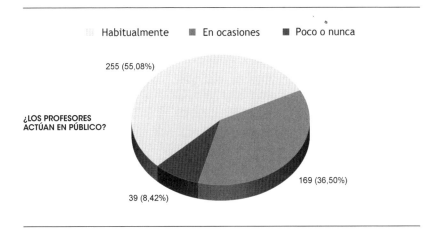

Es importante destacar que hay una clara diferencia entre los sexos en cuanto a la frecuencia de sus actuaciones, como se ha mencionado páginas atrás y será objeto de un comentario detallado más adelante:

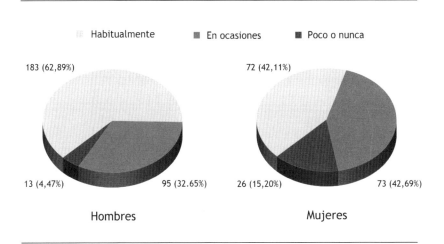

También existe una clara diferencia entre los distintos grupos de edad y niveles educativos:

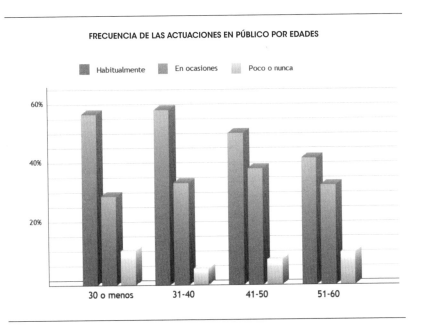

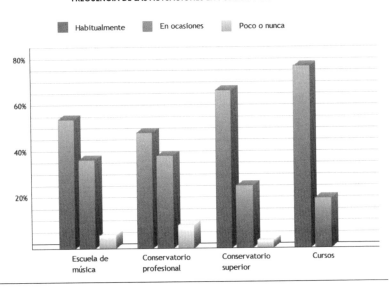

A pesar de que más de la mitad de los encuestados actúa habitualmente y otro tercio lo hace en ocasiones, parece haber bastantes diferencias entre los centros en lo que respecta a las oportunidades de tocar
en público que los profesores encuentran en ellos. Esta desigualdad
puede ser debida tanto a que los propios centros ofrezcan más o menos
posibilidades —recordemos que se trata siempre de escuelas de música
y conservatorios— o que los profesores interesados en tocar tienen más
o menos dificultades para encontrar compañeros con los que preparar
un concierto, como señalaron algunos de los encuestados.

Como se puede ver en la siguiente gráfica, las valoraciones sobre las
posibilidades de tocar se reparten de forma prácticamente homogénea
entre las cinco calificaciones posibles, lo que indica que no todos los
profesores gozan de las mismas oportunidades de poder expresarse
como instrumentistas además de como profesores, y que en gran medida depende del centro concreto en el que estén trabajando y no tanto
del nivel educativo.

OPORTUNIDADES DE ACTUAR QUE LOS PROFESORES ENCUENTRAN EN SU CENTRO DE TRABAJO

5   4   3   2   1

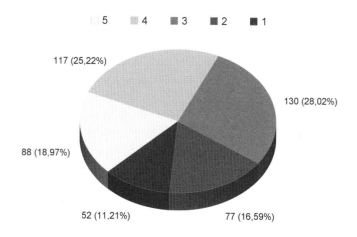

117 (25,22%)

130 (28,02%)

88 (18,97%)

52 (11,21%)   77 (16,59%)

A pesar de estas diferencias entre los centros, tres cuartas partes de
los encuestados manifiesta que les gustaría disponer de más oportunidades para actuar.

EN QUÉ MEDIDA DESEARÍAN TENER MÁS OPORTUNIDADES DE TOCAR

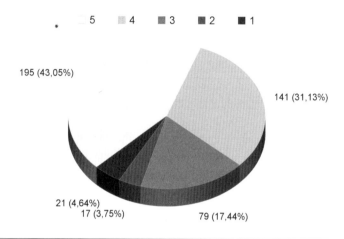

195 (43,05%)

141 (31,13%)

21 (4,64%)
17 (3,75%)

79 (17,44%)

Si comparamos las posibilidades de tocar que ofrecen los centros —separados por niveles educativos— con los deseos de actuar expresados por sus profesores apreciamos que existe una cierta desproporción entre ellos. Las columnas de la izquierda de la gráfica de la página siguiente, en color oscuro, muestran las posibilidades de actuar que ofrece cada tipo de centro y las de la derecha los deseos de su profesorado de disponer de más oportunidades. Se observa que las oportunidades que se ofrecen son similares en todos los niveles, aunque ligeramente superiores en los conservatorios profesionales, pero también se constata que en todos los casos los deseos de tocar son mayores que las oportunidades que se presentan, y que aquellos aumentan a medida que el nivel educativo es más elevado. Es en los conservatorios superiores donde esta diferencia es mayor —4,53 de valoración de los deseos de actuar frente a 3,19 de oportunidades—, lo que resulta paradójico si se tiene en cuenta que es el nivel más cercano a la realidad profesional.

La desproporción que se puede observar entre los deseos de tocar —que más de un 75% de los encuestados puntúa con un cuatro o un cinco— y las ocasiones de hacerlo que ofrecen sus centros de trabajo —solo un 44% las puntúa con la misma calificación— merece ser tenida en cuenta al planificar el trabajo de los centros si se quiere disponer de un profesorado activo y motivado.

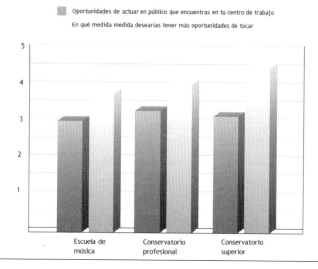

Oportunidades de actuar en público que encuentras en tu centro de trabajo
En qué medida medida desearías tener más oportunidades de tocar

"En dos o tres décadas todo lo que tiene que ver con la educación ha sufri-do grandes cambios, y no creo que para bien. Cada vez estamos más bu-rocratizados, con demasiadas exigencias por parte de las administracio-nes. El ambiente musical que se respiraba en los conservatorios y centros artísticos prácticamente ha desaparecido, hasta hacer que parezca una actividad extraescolar más."

Profesora de tecla de conservatorio superior

Como veremos un poco más adelante, un aspecto crucial del proce-so de enseñanza-aprendizaje de cualquier instrumento es la transmisión efectiva de las experiencias reales y actualizadas del profesor, algo que todos los centros musicales de cualquier nivel educativo deberían fo-mentar. Las administraciones tendrían que tener en cuenta que un con-servatorio o escuela de música es, además de un centro de enseñanza, un polo de actividad artística que debe ser favorecida. No se puede ol-vidar que se trata de unas enseñanzas eminentemente encaminadas a un fin práctico, que no es otro que dominar un instrumento para poder ofrecer actuaciones en público. El hecho de que el alumnado pueda ver en acción a sus profesores y que en ocasiones puedan compartir el escenario con ellos refuerza lo aprendido en clase y al mismo tiempo mejora la autoestima y la consideración profesional del profesorado.

> *"Deberían establecerse normas que permitieran simultanear ambas profesiones, porque la una complementa a la otra, pero en la realidad cada vez hay más trabas burocráticas. Da la sensación de que a la música no se la respeta porque es algo vocacional, y mucho menos si te dedicas a dar clase. Debería tenerse en cuenta que somos un tipo de enseñanza especializada, con sus propias peculiaridades."*
>
> Profesor de conservatorio profesional

Pero no se trata de una apuesta que deban hacer únicamente las respectivas administraciones o los equipos directivos. Varios encuestados mencionaron la dificultad que tienen en su centro para encontrar colegas con los que preparar un concierto, pese a las facilidades ofrecidas por aquel. Quizá sea necesario un esfuerzo para fomentar un espíritu creativo que anime al profesorado a actuar y así experimente los beneficios que la práctica activa le va a reportar.

> *"En los conservatorios no es fácil encontrar compañeros que estén dispuestos y tengan inquietudes para preparar conciertos conjuntamente, y eso limita mucho la creatividad."*
>
> Profesora de tecla de conservatorio profesional

Probablemente sea difícil romper con una inercia provocada por una determinada forma de hacer, en muchas ocasiones favorecida por la burocracia, pero de lo que no cabe duda es que el hecho de mantenerse activos con el instrumento al mismo tiempo que están dando clase enriquecerá la experiencia de los profesores tanto como intérpretes como en su labor docente y será beneficioso tanto para ellos mismos como para su centro.

El proceso de mejora ofrecido por la combinación de docencia e interpretación se produce en los dos sentidos, porque ambas no son sino las dos caras de una misma moneda. Una actividad interpretativa regular permite al profesor llevar a la práctica lo estudiado y poder comunicar a sus alumnos una experiencia reciente ofreciendo una visión realista, a la vez que le ayuda a ganar en credibilidad y a servirles de referencia. Esa experiencia incluye numerosos aspectos, desde conocer de primera mano las sensaciones que el escenario provoca y cómo comportarse en él, hasta la elaboración de estrategias de estudio del repertorio, de autocontrol y de preparación para la actuación. También fomenta la empatía con los alumnos que están preparando exámenes y pruebas.

Tocar personalmente las obras más habituales escritas para el instrumento ayuda al profesor a ajustar el nivel de exigencia, tanto para con los alumnos como para él mismo, y también le anima a conocer otras piezas, ampliar el repertorio y mejorar su cultura musical en general. Poco importa que se trate de actuaciones profesionales o no, en su centro o fuera de él, o que sean actuaciones con los propios alumnos, lo principal es tomarlas con seriedad y profesionalidad, ofreciendo lo mejor de lo que uno sea capaz para sentirse realizado con el instrumento, cada uno en su propio nivel.

Los profesores, las profesoras y sus actuaciones en público

Los deseos de disponer de más oportunidades de tocar son similares en todos los grupos de edad y no merecen un análisis más detallado, pero no ocurre así entre los sexos, donde los hombres los valoran con un 4,12 de media y las mujeres con un 3,91.

Es interesante relacionar este dato con el de la regularidad de las actuaciones en público mencionado más atrás. Recordemos que un 62,89 de los hombres declara actuar en público regularmente, porcentaje que desciende hasta el 42,11 caso de las mujeres, por lo que sería de esperar que estas manifestaran unos mayores deseos de tocar. Pero, por el contrario, son los hombres los que valoran con una puntuación mayor sus deseos de tocar, lo que parece ahondar aún más en esa diferencia.

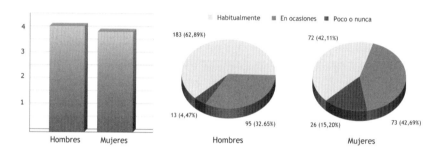

EN QUÉ MEDIDA DESEARÍAN TENER MÁS OPORTUNIDADES DE TOCAR Y FRECUENCIA DE SUS ACTUACIONES

Llegados a este punto se plantea la cuestión de si esta diferencia entre los sexos se reparte por igual entre los diferentes grupos de edad o si existen diferencias entre ellos.

En primer lugar se estudió la frecuencia de las actuaciones en público según el sexo y los grupos de edad. Las respuestas posibles eran *habitualmente, en ocasiones* y *poco o nunca*. En la siguiente tabla se puede observar el reparto de estas tres opciones entre los integrantes de cada uno de los grupos.

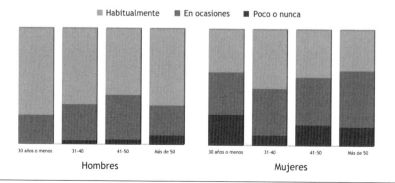

FRECUENCIA DE LAS ACTUACIONES POR SEXOS Y GRUPOS DE EDAD

Resulta llamativo que la opción más votada entre los hombres de todas la edades sea la de *habitualmente*, mientras que en el caso de las mujeres esta opción es equiparable en todos los casos a la de *en ocasiones*. Quizá sea esta mayor frecuencia de sus actuaciones una de las causas de que los profesores varones sientan que han progresado en mayor medida con su instrumento y que esa sensación de avance, aunque compartida, sea algo menor en el caso de las mujeres. También puede ser la causa de la percepción por parte de la media de las profesoras de tener actualmente una capacidad pedagógica algo superior a su preparación instrumental. De todas formas, debemos destacar que todas estas valoraciones referidas al momento actual superan la calificación de cuatro sobre cinco, lo que indica que en todos los casos se considera tener una adecuada capacidad profesional en los dos ámbitos.

En todos los grupos de edad de ambos sexos se observa que es mayor el porcentaje de mujeres que de hombres que declaran tocar muy pocas veces o nunca, y que las que actúan no lo hacen con la misma regularidad que ellos. Por ejemplo, la opción *en ocasiones* es mayoritaria entre las profesoras de más edad, mientras que en esa misma franja de edad sus compañeros declaran seguir actuando con regularidad.

Podría pensarse que estas diferencias son debidas a desigualdades de otros tiempos que se han ido arrastrando con los años, y que la situación entre hombres y mujeres sería más equiparable en las generaciones más jóvenes y que ofrecería una gráfica más homogénea. Pero si bien podemos observar una evolución bastante similar entre los grupos a partir de treinta años, encontramos el dato más sorprendente en las columnas referidas a los hombres y mujeres de menos de esa edad. Mientras que ninguno de los hombres de ese grupo declara que no toca nunca o en muy contadas ocasiones y tres cuartas partes afirma que lo hace habitualmente, las tres opciones se reparten prácticamente por igual en el caso de las mujeres: una cuarta parte de estas afirma tocar poco o nunca, mientras que el resto de divide entre las otras dos opciones. La totalidad de los hombres, en cambio, afirman tocar y las tres cuartas partes, hacerlo habitualmente.

> *"Creo que habría que actuar muchísimo más, de la forma que sea. Resulta extraño para el alumnado que les enseñes a tocar pero que no vean una vida musical en la que participen los profesores, alumnos, otros profesionales, tanto a nivel de centros como de su pueblo o ciudad. Se pierde de vista la finalidad y el disfrute porque el tocar se reduce a las evaluaciones, con lo que siempre se sienten examinados y solo piensan en no confundirse, afinar, no olvidarse de una nota. Todo esto añade mucha presión, y creo que deberíamos poder ser más libres y felices tocando."*
>
> Profesora de cuerda de conservatorio profesional

A la vista de estos datos era conveniente intentar deducir si esta desigualdad en cuanto al hecho de actuar dependía o no de una decisión personal de los profesores y de las profesoras, o si por el contrario era debida a factores ajenos a ellos, como el número de oportunidades de hacerlo que se presentaba en cada caso. Cabría esperar una relación entre los deseos de actuar y las ocasiones que se presentaban en cada uno de los grupos. Para verificarlo se calculó la media de las valoraciones que tanto los hombres como las mujeres de distintas edades hacían de sus deseos de tocar más a menudo para poder comparar la gráfica resultante con la anterior.

VALORACIÓN DE LOS DESEOS DE TENER MÁS OPORTUNIDADES DE ACTUAR

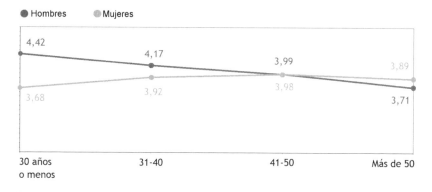

En la gráfica de la página anterior se aprecia una trayectoria invertida entre los dos sexos. Así, los hombres parecen necesitar con la edad menos ocasiones de tocar o ven esa necesidad cubierta más fácilmente, mientras que en el caso de las mujeres son las más jóvenes las que menos reclaman esas oportunidades, equiparándose el dato entre los cuarenta y los cincuenta años.

Puede resultar aventurado sacar conclusiones, puesto que en esta situación pueden influir factores personales, educativos, culturales, sociológicos y de otro tipo, pero queda patente y merece una reflexión esta diferencia entre los dos sexos en cuanto a su relación con el instrumento, la necesidad que sienten de expresarse en público y el número de veces que realmente lo hacen.

La relación entre la enseñanza y la interpretación

Las preguntas 21 y 23 pretendían mostrar cómo se relacionan la interpretación y la enseñanza de un instrumento y averiguar si, a juicio de los encuestados, estas dos actividades se refuerzan entre sí y en qué medida. Por otra parte, las preguntas 22 y 24 buscaban saber en qué aspectos del instrumento se percibe esa mejora de forma más clara.

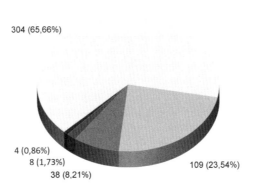

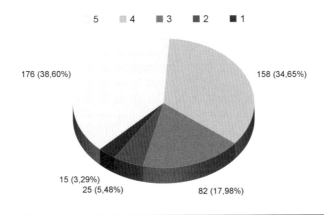

Aunque es mayor la percepción de la importancia de mantenerse activo como intérprete para poder enseñar bien, se puede destacar que tres cuartas partes de los participantes en la encuesta manifiestan que el hecho de enseñar su instrumento también les ayuda a evolucionar como instrumentistas.

En ninguna de las dos preguntas se aprecia diferencias destacables entre los distintos grupos de edad o sexos, pero no ocurre así si analizamos los datos de cada uno de los niveles educativos. Como se ve en la siguiente gráfica, la percepción de relación positiva entre mantenerse activo con el instrumento y enseñar aumenta con el nivel educativo:

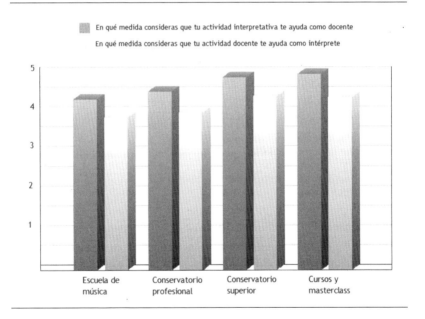

En qué medida consideras que tu actividad interpretativa te ayuda como docente

En qué medida consideras que tu actividad docente te ayuda como intérprete

Resulta lógico suponer que en niveles educativos más elevados, con un alumnado que en muchos casos empieza a introducirse en el mundo profesional, el requerimiento instrumental que tiene el profesor para poder servir de referencia a sus alumnos resulta mayor, a lo que le ayuda una práctica interpretativa regular. Por otro lado, todo lo que experimenta y pone en práctica en clase aumenta su bagaje de recursos como intérprete y le ayuda a mantenerse y progresar. Aunque sea en mayor o menor medida, esto es aplicable a todos los niveles.

En qué ayuda a los profesores el mantenerse activos con su instrumento

Además de tener una opinión general acerca de si tocar ayuda a enseñar y viceversa, es interesante saber en qué aspectos concretos los profesores piensan que esa ayuda es más significativa. Para este análisis no tendremos en cuenta el lugar ni el nivel de las actuaciones, sino el hecho de realizarlas.

Aunque cada uno de los encuestados expresó su opinión con sus propias palabras, podríamos agrupar por temas los aspectos pedagógicos que más se destacan como reforzados por una práctica interpretativa regular.

Contacto con la escena

Como era de esperar, muchas de las observaciones estaban referidas a la propia experiencia del intérprete-profesor sobre el escenario, tanto instrumental como emocionalmente, porque esa experiencia directa no se puede sustituir por una explicación teórica, por muy completa y bien fundamentada que esta sea.

Es en el concierto donde cobra sentido todo lo trabajado y lo aprendido en clase y durante los años de estudio, y donde la música adquiere su forma real como medio de comunicación de emociones. La música está hecha para ser compartida, y en ese momento se debe trascender la lectura y el trabajo técnico para ponerlos al servicio de la idea musical que se desea transmitir al auditorio. Para conseguirlo hay que saber tratar a la música como algo vivo y no meramente mecánico.

"La aplicación práctica de la interpretación en una sala de conciertos es fundamental e insustituible, sobre todo en el grado superior."

Profesor de cuerda de conservatorio superior

Para afrontar la actuación con solvencia es necesario un trabajo específico del comportamiento en escena y de control del miedo escénico. Tocar con regularidad permite comprender las presiones a las que se somete un intérprete. Muchos artistas hacen ejercicios de relajación y de visualización con regularidad, como trabajo de preparación previo a un concierto, ejercicios que pueden enseñar a sus alumnos para prepararles para hacer frente a sus compromisos más importantes. Este tipo de trabajo prepara mentalmente al músico para que la sensación en el concierto le resulte más familiar porque, aunque sea mentalmente, ya la ha vivido otras veces desde la perspectiva relajada del ejercicio.

Por otra parte, la práctica regular ayuda a conocerse a uno mismo, las propias reacciones y los cambios anímicos que provoca el escenario, y proporciona las pautas para poder controlarlas y redirigirlas. También sirve para comprobar qué es lo que realmente funciona en el momento de la actuación y qué no, aspectos que además pueden ser diferentes para cada persona. A partir de esta experiencia particular, el profesor podrá aconsejar a sus alumnos haciendo las adaptaciones necesarias en cada caso.

En definitiva, pensar como un intérprete cuando se está ejerciendo como tal ayuda a formar intérpretes, porque el proceso mental del directo no es el mismo que cuando se está tocando solo o en el aula.

"El problema de la docencia y la interpretación es que no hay un vínculo con la generación de aficionados a los conciertos. Los alumnos quieren aprender a tocar, no saber de música, y los profesores tampoco tienen vínculo con el oficio más allá de sus clases y sus actuaciones, de manera que poco a poco los ciclos de conciertos y los festivales palidecen porque nadie en el fondo está llegando a transmitir la verdadera esencia de lo artístico."

Profesor de viento de conservatorio profesional

Estudio del repertorio

Para llegar a un nivel de dominio del repertorio que permita concentrarse en hacer música con confianza es necesario trabajarlo muy a fondo, tanto técnica como musicalmente. Este trabajo minucioso ayuda a profundizar en el conocimiento de la obra y abre el camino para afrontar el estudio de muchas más.

El estudio en profundidad de una determinada serie de obras destinada a una actuación concreta ayuda a orientar el trabajo y a encontrar soluciones a los problemas concretos que presente. También ayuda a comprender las dificultades formativas que pueda tener, que son diferentes entre el escenario y el estudio personal, debido a los factores emocionales mencionados más arriba, pero también a la interactuación con los demás intérpretes.

Además de una cierta disciplina y de dedicarle el tiempo necesario, una parte fundamental de la preparación de una actuación es una buena planificación del trabajo. No solo de aquello que se debe interpretar, sino también de cualquier otro material que ayude a conseguir las destrezas que permitan afrontar el repertorio con comodidad. Transmitir a los alumnos la capacidad de organizar de forma correcta el trabajo personal hará que su estudio sea más eficaz.

Empatía con los alumnos y credibilidad

Un aspecto comentado por varios de los participantes en la encuesta es el hecho de que actuar ayuda al profesor a empatizar con sus alumnos y a comprender mejor las sensaciones por las que estos pasan cuando se enfrentan a un examen. A fin de cuentas se trata de llevar personalmente a la práctica aquello que les está enseñando. Como uno de ellos expresó muy gráficamente, "hablar es fácil, tocar te pone en tu sitio".

Es un acto de responsabilidad el exigir a uno mismo lo que está exigiendo a sus alumnos. Esto no quiere decir que deba necesariamente estar tocando todo el repertorio que en ese momento están estudiando todos sus alumnos, sino que tenga el nivel técnico y musical necesario para ilustrar los ejemplos y la capacidad de preparar en un tiempo prudencial cada una de esas obras para una posible actuación. Si se carece de esa capacidad es muy difícil sustituirla con explicaciones teóricas.

El profesor es una referencia para sus alumnos, y el que estos le vean actuar y con ello la realización práctica de aquello que están estudiando le hace ganar en credibilidad e incrementa la confianza de sus alumnos en su saber hacer. Por otra parte, compartir entre profesores y alumnos las mismas situaciones y emociones facilita conectar la clase con la experiencia real de tocar en público, y permite tratar a los alumnos de a partir de determinado nivel como los futuros profesionales que serán.

"Todos los docentes deberíamos pasar por el escenario regularmente para no perder nuestra personalidad de intérpretes."

Profesor de cuerda de conservatorio profesional

Motivación

Un factor fundamental a tener en cuenta es cómo una práctica interpretativa regular influye positivamente en autoestima y en la motivación del profesor —no está de más recordar que muchos de los actuales profesores tenían como objetivo la interpretación cuando eran estudiantes—, y con ella en la de sus alumnos.

Sentirse seguro con el instrumento hace ganar en confianza, y la satisfacción por ir consiguiendo logros musicales, por pequeños que parezcan, ampliar el repertorio y compartir proyectos con otros músicos amplía el bagaje de experiencias y abre la posibilidad de afrontar otras iniciativas y con ellas la búsqueda de nuevos alicientes.

En qué ayuda la enseñanza a los intérpretes

Una vez establecido en qué beneficia a los profesores una práctica interpretativa regular era lógico plantearse la cuestión complementaria: cómo ayuda a los profesores en su faceta de instrumentistas el hecho de dar clase. La mayoría de las contestaciones tenían que ver con la forma de estudiar.

Capacidad de diagnóstico

Un tema recurrente en las respuestas era el hecho de que dar clase proporciona al profesor la oportunidad de experimentar situaciones que él no había vivido en su época de estudiante, y a las que no tendría que haber hecho frente si únicamente se dedicara a la interpretación.

Cada alumno presenta unas características propias, con sus aptitudes y predisposiciones personales. Es muy probable que el profesor detecte en cada uno de ellos problemas o aspectos que debe mejorar, que probablemente serán diferentes a los suyos propios. De un correcto diagnóstico de los mismos depende el poder plantear una adecuada estrategia de estudio. Dentro de esa estrategia probablemente se deberán buscar soluciones a problemas que el profesor nunca tuvo, y que por lo tanto no necesitó trabajar específicamente.

En este punto podemos volver a mencionar las carencias que gran parte de los encuestados manifestaron en cuanto a su preparación pedagógica inicial, que provocó que tuvieran que ir aprendiendo con su propia experiencia. Con un adecuado estudio previo de todo lo que afecta al hecho de tocar y de cada mecanismo involucrado, más allá de la corrección de los errores concretos que pudieran aparecer dispondríamos desde el inicio de una base más amplia para hacer frente a las necesidades de los alumnos que podamos tener. Pero muchas veces no profundizamos lo suficiente en algo precisamente porque lo hacemos bien pero de forma inconsciente, lo que nos priva de un conocimiento real de esa faceta técnica, que más adelante deberemos analizar si un alumno nuestro lo necesita.

La capacidad de diagnóstico, aprendida desde el inicio o adquirida con la práctica, permite en muchos casos observar problemas en uno mismo que, pese a no ser graves —de lo contrario se habrían detectado—, pueden entorpecer nuestro progreso como instrumentistas. En ocasiones podemos encontrar en un alumno algún problema que, en menor medida, nosotros también tenemos, y al establecer una estrategia para corregirlo con el alumno también conseguimos mejorar los profesores.

Estrategias de estudio

Al dar clase siempre es necesario aplicar el razonamiento y buscar soluciones para los alumnos, pero a veces obviamos este análisis racional cuando estudiamos para nosotros mismos porque tenemos completamente automatizada nuestra forma de tocar y lo hacemos de forma en gran medida inconsciente. Si al estudiar o dar clase hemos detectado algo en lo que queremos mejorar, nosotros o nuestros alumnos, tendremos que planear una estrategia de estudio eficaz, que tendrá que ser específica y adecuada para ese aspecto concreto.

La carrera profesional de un músico es larga. Al cabo de los años se puede ir cambiando sutilmente la forma de tocar y en algún momento pueden aparecer dificultades. Todo el repertorio de ejercicios que el profesor vaya adquiriendo por su propia experiencia o por la de los alumnos que pasen por su clase va a ir incrementando su repertorio de soluciones para hacer frente a esos problemas que puedan ir surgiendo, o simplemente para mantenerse con comodidad con su instrumento.

Otro aspecto reseñable es que el trabajo con alumnos de distintas edades ayuda a mantener el contacto directo con la técnica del instrumento desde su base, lo que nos permite comprobar que seguimos respetando los principios fundamentales y revisar íntegramente nuestra forma de tocar a la vez que lo hacemos con la de los alumnos.

Comunicación

Muchos gestos técnicos que se hacen de forma automática se comprenden mejor cuando es necesario describirlos para otros, y esa mayor comprensión hace que se pueda profundizar en ellos y efectuar mejoras y correcciones. Al explicar a los alumnos nuestros conceptos o formas de trabajar los interiorizamos mejor, máxime cuando muchas veces es necesario disponer de varias explicaciones diferentes para un mismo aspecto y así poder utilizar las más oportunas según la edad y el nivel de cada alumno. Además, la búsqueda de varias explicaciones similares o complementarias mejora la capacidad de expresión verbal del propio profesor, que después podrá utilizar en otros campos de su desarrollo profesional.

> *"Hay músicos que solo tocan y hay otros que transmiten. La práctica hace maestros."*
> Profesor de viento de conservatorio profesional

Intercambio de opiniones

En muchas ocasiones los alumnos de cierto nivel tienen una visión del repertorio que están trabajando o de la forma de estudiarlo diferente de la del profesor. Escuchar esas opiniones diferentes y discutir si son adecuadas o no al estilo o a las características de la pieza es una buena ocasión para enriquecer el conocimiento de todos.

Realización personal

En algunos intérpretes con muchos años de experiencia sobre el escenario se observa un deseo de dejar algo tangible una vez se hayan retirado. Ese legado puede ser una clase bien formada que lleve a la práctica lo que les ha enseñado y así sus conocimientos se puedan transmitir a la siguiente generación.

Los puntos fuertes y las áreas de mejora de los profesores en su faceta de instrumentistas y su relación con la enseñanza

Las últimas preguntas de la encuesta —de la 25 a la 28— pretendían mostrar de qué manera la formación del propio profesor, con sus puntos fuertes y sus debilidades, puede influir en su manera de dar clase y con ello en la formación de sus alumnos.

Se preguntaba qué aspecto de la práctica del instrumento consideraba cada uno que era capaz de trabajar mejor con sus alumnos, y si ese mismo aspecto había sido o no uno de los puntos fuertes que se tenía en su etapa de estudiante. También se formulaba la pregunta complementaria, es decir, en qué aspecto se tenía más dificultad en la actualidad a la hora de trabajarlo con los alumnos y si esa había sido una de las debilidades que en su día se hizo preciso mejorar.

Los datos muestran que, como cabría esperar, el 57,41% percibe que lo que ahora mejor enseña sus alumnos era uno de sus puntos fuertes cuando era estudiante. Podemos suponer que aquella habilidad que probablemente se consiguió de forma intuitiva está complementada en la actualidad con las herramientas que permiten que sea compartida con otros.

¿ERA ESO QUE AHORA CONSIDERAS QUE MEJOR ENSEÑAR UNO DE TUS PUNTOS FUERTES CUANDO ESTUDIABAS?

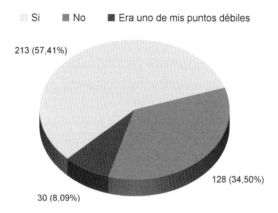

Por otro lado, solo el 34,1% afirma que lo que en la actualidad más le cuesta transmitir a sus alumnos es aquello que en su día también supuso una dificultad para él, por lo que parece la mayoría encontró una solución y ya no supone un problema.

LO QUE EN LA ACTUALIDAD MÁS TE CUESTA ENSEÑAR, ¿ERA UNO DE TUS PUNTOS DÉBILES CUANDO ESTUDIABAS?

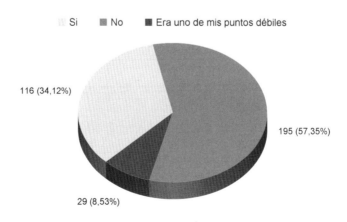

En las dos gráficas se puede observar que hay algo más de un 8% en que parece haber una inversión entre lo que era un punto fuerte para el profesor cuando era estudiante —o débil, en el otro caso— y lo que ahora representa para él a la hora de transmitírselo a otros. En ocasiones algún aspecto relacionado con el instrumento que durante los años de formación o posteriormente supuso un problema, al ser finalmente resuelto proporciona al músico las herramientas necesarias para hacerle frente y solucionarlo, con lo que podrá trabajarlo de forma más eficaz con sus alumnos.

Con un número tan grande de opiniones se puede encontrar un mismo aspecto concreto tanto como un punto en el que algunos profesores se encuentran muy seguros como un tema en el que otros encuentran especiales dificultades. Probablemente dependa de la personalidad y de la formación del profesor, pero seguramente también del grupo de alumnos de que disponga y del nivel educativo en el que imparte clase.

En general, los temas relacionados con la musicalidad y la interpretación son los que aparecen más a menudo como aquellos que se saben transmitir mejor, mientras que los relacionados con los aspectos técnicos del instrumento aparecen más igualados entre quienes piensan que son los temas que mejor transmiten y los que sienten que son los que más problemas les causan.

> *"Lo que mejor transmito es el saber cantar con el instrumento. El sonido es nuestro sello interpretativo. La técnica está al servicio de ello."*
>
> Profesora de tecla de conservatorio profesional

> *"La técnica es fácil de entender para el alumno, pero lo que más le cuesta comprender es todo aquello que no ve impreso en la partitura, es decir, lo que tiene que ver con la intuición y el talento."*
>
> Profesora de tecla de conservatorio superior

Conclusiones

Uno de los datos más llamativos que arroja la encuesta es que solamente algo más de la mitad de las personas que en la actualidad imparten clase en las escuelas y conservatorios de España tenían esta profesión como objetivo cuando estaban estudiando. Este dato contrasta con el que muestra que más de un ochenta por ciento se considera satisfecho o muy satisfecho con el trabajo que desempeña. Quizá sea debido a que normalmente no se sea plenamente consciente de las satisfacciones que la dedicación a la enseñanza de un instrumento puede reportar hasta que se empieza a ejercer y se experimentan en primera persona.

Por otro lado, la mayoría de los encuestados manifiestan mantener una buena relación con su instrumento y utilizarlo habitualmente en clase o en las ocasiones de actuar que se les presentan, pero muchos afirman que no se sentían especialmente bien preparados para la docencia cuando empezaron a enseñar, aunque sí instrumentalmente. Con los años han ido adquiriendo experiencia y con ella la formación que hacen que en la actualidad se sientan plenamente capacitados para el desempeño de su labor. Esto parece indicar que los estudios en el conservatorio están más dirigidos a formar intérpretes que pedagogos, a pesar de que esta actividad sea la salida profesional más probable para la mayoría.

Este trabajo ha pretendido servir de ayuda para que quienes acaban de terminar sus estudios en el conservatorio y empiezan a dar clase, o cualquier instrumentista que pueda estar interesado en la docencia, tengan una guía que les permita organizar y planificar desde el principio su propio sistema de enseñanza de una forma eficaz.

"Enseñar es aprender dos veces."

Joseph Joubert (1754-1824)

BIBLIOGRAFÍA

Galamian, Iván, *Interpretación y enseñanza del violín*, Pirámide, 1988.

García, Rafael, *Cómo preparar con éxito un concierto o audición*, Redbook, 2015.

García, Rafel, *Entrenamiento mental para músicos*, Redbook, 2017.

Menuhin, Yehudi, *L'Art de jouer du violon*, Buchet, 1973.

McKay, Matthew y Fanning, Patrick, *Autoestima. Evaluación y mejora*, Martínez Roca, 1991.

Nieto, Albert, *Contenidos de la técnica pianística*, Boileau, 2006.

Orozco, Luis y Solé, Joaquim, *Tecnopatías del músico*, Aritza, 1996.

Pliego de Andrés, Víctor, *Programación para oposiciones a conservatorios*, Musicalis, 2016.

Ruiz, Juan Mari, *El aprendizaje de los instrumentos de viento madera*, Redbook, 2017.

Wye, Trevor, *Teoría y práctica de la flauta*, 1988.

AGRADECIMIENTOS

El agradecimiento más numeroso tiene que ser necesariamente para los casi quinientos profesores de escuelas de música y conservatorios de España que participaron en la encuesta. Sin su colaboración y sus comentarios no habría sido posible obtener los datos que se muestran al principio del libro y que han orientado la redacción del resto de los capítulos.

En un libro como este, que no solo está dirigido a los instrumentos de viento, con los que estoy más familiarizado, he necesitado la ayuda de varios colegas de otras familias instrumentales para verificar que los consejos más concretos que iba dando estaban siendo los adecuados. Quiero agradecer especialmente la ayuda de Raffaela Acella, Carlos Apellaniz, Marta Zabaleta, Christian Ifrim e Iñaki Etxepare.

Por último, debo dar las gracias a Martí y a Bárbara, de Redbook Ediciones por la confianza depositada en mi trabajo.

Irún, junio de 2019
Juan Mari Ruiz

Todos los títulos de la colección *Taller de:*

Taller de música:
Cómo leer música - Harry y Michael Baxter
Lo esencial del lenguaje musical - Daniel Berrueta y Laura Miranda
Apps para músicos – Jame Day
Entrenamiento mental para músicos – Rafael García
Técnica Alexander para músicos – Rafael García
Cómo preparar con éxito un concierto o audición – Rafael García
Las claves del aprendizaje musical - Rafael García
Técnicas maestras de piano - Steward Gordon
El Lenguaje musical - Josep Jofré i Fradera
Home Studio - cómo grabar tu propia música y vídeo – David Little
Cómo componer canciones – David Little
Cómo ganarse la vida con la música – David Little
El Aprendizaje de los instrumentos de viento madera – Juan Mari Ruiz
Cómo potenciar la inteligencia de los niños con la música – Joan María Martí
Cómo desarrollar el oído musical – Joan María Martí
Ser músico y disfrutar de la vida – Joan María Martí
Aprendizaje musical para niños - Joan María Martí
Aprende a improvisar al piano - Agustín Manuel Martínez
Mejore su técnica de piano – John Meffen
Musicoterapia - Gabriel Pereyra
Cómo vivir sin dolor si eres músico – Ana Velázquez
Guía práctica para cantar en un coro – Isabel Villagar
Guía práctica para cantar – Isabel Villagar

Taller de teatro:
La Expresión corporal - Jacques Choque
La Práctica de los monólogos cómicos – Gabriel Córdoba
El arte de los monólogos cómicos – Gabriel Córdoba
Guía práctica de ilusionismo – Hausson
Cómo montar un espectáculo teatral – Miguel Casamajor y Mercè Sarrias
Manual del actor – Andrés Vicente

Taller de teatro/música:
El Miedo escénico – Anna Cester

Taller de cine:
Producción de cine digital – Arnau Quiles y Isidre Montreal

Taller de comunicación:
Hazlo con tu Smartphone – Gabriel Jaraba
Periodismo en internet – Gabriel Jaraba
Youtuber – Gabriel Jaraba

Taller de escritura:
Cómo escribir el guion que necesitas – Miguel Casamajor y Mercè Sarrias
El Escritor sin fronteras – Mariano Vázquez Alonso
La Novela corta y el relato breve – Mariano Vázquez Alonso